LETTRE A UN AMI

SUR LE

GRAND PÈLERINAGE DE JÉRUSALEM

Châteauroux. — Imp. et Stéréotyp. A. MAJESTÉ.

LETTRE A UN AMI

SUR LE

GRAND PÈLERINAGE

DE JÉRUSALEM

ACCOMPLI EN AVRIL ET MAI 1882

PAR LE

R. P. L. LAFAYE

MEMBRE DE LA CONGRÉGATION DES SACRÉS-CŒURS DITE DE PICPUS

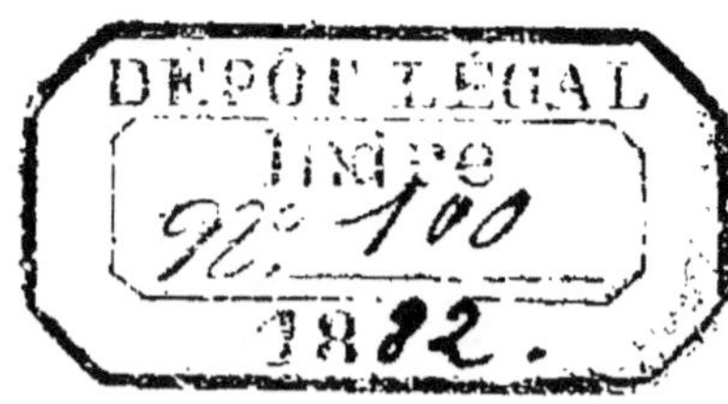

—

CHATEAUROUX

TYPOGRAPHIE ET STÉRÉOTYPIE A. MAJESTÉ

—

1882

LETTRE A UN AMI

SUR LE GRAND PÈLERINAGE DE JÉRUSALEM

MON CHER AMI,

Je n'étais pas en mesure de répondre à vos vœux, quand vous m'avez manifesté le plaisir que vous éprouveriez d'avoir quelques détails précis sur le grand pèlerinage qui vient de s'accomplir en Terre-Sainte, et auquel j'ai eu le bonheur de prendre part ; aujourd'hui je suis heureux de donner satisfaction à vos pieux et légitimes désirs. Je vous envoie la relation des principaux incidents dont j'ai été le témoin. Je l'ai faite après avoir fidèlement recueilli mes souvenirs. C'est un récit très simple ; les faits parleront suffisamment d'eux-mêmes à un cœur intelligent et chrétien comme le vôtre.

Ce saint pèlerinage a été vraiment digne du vif intérêt qu'il a excité de toutes parts ; et il est permis de penser qu'il aura un jour sa place dans les annales de l'Église, comme dans celles de la France catholique.

Ce qui caractérise la grandeur d'une œuvre, c'est

l'importance du but auquel elle tend, avec l'efficacité des moyens qui lui sont propres. Or, point de but plus noble, plus important que celui du pèlerinage de Jérusalem, ni de moyens plus excellents et plus sûrs que ceux qui ont été mis en usage. Ce but, c'était, dans son rapport le plus étendu, le triomphe de l'Église et de son Chef, le Souverain-Pontife, dans la guerre si acharnée et si violente qui leur est faite de nos jours ; et à un point de vue plus spécial, le salut de notre chère France, dont la foi est si vivement menacée par les sectes ennemies que l'enfer suscite contre elle, et qui, pour ravir l'âme de nos enfants, déploient tant d'hypocrisie, tant de ruses perfides, soutenues de tout l'ascendant de la force publique dont ces sectes disposent.

Quant aux moyens, point d'autres que la prière, la pénitence, l'expiation ; moyens bien faibles en apparence et bien propres à exciter le mépris et la risée des impies et des méchants, mais souverainement puissants devant Dieu. Car, comme nous l'assure le grand Apôtre, sa sagesse infinie se plaît à confondre et à renverser tout ce qu'il y a de plus fort dans le monde par les éléments les plus faibles : « *Elementa mundi elegit Deus ut confundat fortia.* »

Il ne s'agissait donc pas d'un voyage d'études historiques ou de recherches scientifiques, encore moins d'un voyage d'agrément ; mais d'un vrai pèlerinage de pénitence qui ne devait être entrepris qu'avec l'engagement de se soumettre au règlement de vie et aux exercices religieux qui seraient promulgués par les chefs du pèlerinage pendant toute sa durée. Quiconque, disait le T. R. P. Picard, dans une de ses dernières circulaires, ne veut pas prier, obéir et souf-frir, ne doit pas se faire inscrire.

Dans des conditions si bien déterminées, le Sou-verain-Pontife, sur l'humble supplique des RR. PP. Assomptionistes, organisateurs de l'œuvre, approuva le pèlerinage par un bref spécial, reproduit par toute la presse catholique ; il lui donna sa bénédiction la plus paternelle, et puisa abondamment en sa faveur dans le riche trésor des indulgences dont il est le dis-pensateur.

A son exemple, presque tous les Évêques, dans leurs diocèses respectifs, élevèrent la voix pour le recom-mander à leurs diocésains, et ils excitèrent les prêtres et les fidèles, à qui le voyage était facile et possible, à l'entreprendre avec zèle et courage.

Leur appel fut entendu. Le nombre des pèlerins qui se présentèrent fut considérable ; les premiers inscrits furent acceptés : prêtres, laïques, personnes pieuses au nombre d'un millier environ. Deux navires furent mis à la disposition des chefs du pèlerinage par la Compagnie des Transatlantiques : *la Picardie* et *la Guadeloupe*. Ces navires étaient grands, spacieux, convenablement aménagés : mais chacun d'eux de-vant porter 500 pèlerins au moins, sans compter les hommes de l'équipage, il fut facile à tous de se faire sur-le-champ une idée assez exacte de l'étendue des sacrifices et des privations qu'il y aurait à subir. Pleins de confiance en la grâce divine, dont l'action fut dès lors vraiment sensible et admirable, tous s'y résignèrent avec autant de joie que de courage.

Le 26 avril, les pèlerins, partis de tous les points
de la France, et même d'au delà nos frontières, arrivèrent à Marseille. Chacun fut installé sur le navire
et dans la cabine qui lui avaient été assignés d'a-
vance : toutefois liberté fut laissée de rester à bord ou
de se rendre dans les divers hôtels de la ville. Mais
avant de se disperser, tous furent convoqués pour le
lendemain de grand matin, 27, à l'antique et illustre
chapelle de Notre-Dame-de-la-Garde, afin de mettre
le pèlerinage qu'on allait entreprendre sous la protection de cette divine Mère.

La basilique si célèbre de Notre-Dame-de-la-Garde
est bâtie au sommet d'une colline, ou plutôt d'un rocher. Elle domine la vaste étendue de la mer, ainsi
que toute la ville de Marseille. Ce pieux sanctuaire
de Marie est très cher à tous les Marseillais, surtout au peuple. Des pèlerinages nombreux s'y font
presque tous les jours soit isolément par les particu-
liers, soit par les paroisses de la ville et de la campagne.

La statue gigantesque de Marie debout au haut du
dôme de l'église, plane dans les airs. Elle paraît vraiment la dominatrice de la mer et de l'antique cité
phocéenne, qu'elle semble embrasser de son regard
maternel. Le peuple de Marseille l'appelle notre bonne
Mère. La confiance en sa protection tutélaire est telle
qu'on est convaincu que par Elle la ville sera à jamais préservée des fléaux qui lui venaient de l'Orient,
et qui l'ont désolée autrefois d'une manière si terrible
et si lamentable, ainsi que l'attestent l'histoire du
XVIIIᵉ siècle et le monument élevé au pieux et saint

éyêque Belzunce pour transmettre à la postérité la mémoire de son héroïque dévouement.

Un vent de tempête, très redouté des marins, s'était élevé pendant la nuit, le mistral. Il soufflait avec une violence extrême. Les pèlerins eurent à lutter et à souffrir pour atteindre le haut de la montagne.

Cependant, depuis minuit, l'ascension avait commencé. La route était sillonnée de pèlerins de toute condition, mais surtout de prêtres. Chacun de ces derniers voulait avoir le bonheur de dire la messe dans ce sanctuaire si vénéré de Marie ; j'ai été du nombre de ces heureux privilégiés. Ce fut une douce consolation de pouvoir offrir au cœur de Jésus, par les mains de sa divine Mère, Notre-Dame-de-la-Garde, comme prémices de mon pèlerinage, mes hommages, mes vœux et ceux de tous les miens.

Mgr l'Évêque de Marseille, pénétré des grands avantages qui devaient résulter de ce pèlerinage, et heureux de voir sa ville épiscopale choisie pour être son point de départ, avait promis de venir célébrer le saint sacrifice pour les pèlerins dans l'antique basilique. Malgré la violence de l'ouragan, il s'y rendit accompagné de ses deux vicaires généraux. Sa Grandeur y trouva tous les pèlerins réunis, même les dames, quoique les voitures et les omnibus soient obligés de s'arrêter à mi-côte.

Pendant la messe, des hymnes à Marie furent chantées avec cet élan et cet entrain qu'inspirent la piété et l'amour. A l'évangile, le digne Évêque, se tournant vers son pieux auditoire, lui adressa une courte, mais très substantielle allocution. Pleine de cette onction pénétrante de la charité, qui gagne les cœurs, sa parole faisait aimer d'avance les souffrances et les pénitences que les pèlerins allaient s'imposer volontairement, pendant de longs jours. Avec l'à-propos le plus touchant, Sa Grandeur rappela que si dix justes s'étaient trouvés dans Sodome et Gomorrhe, opposant à la colère de Dieu offensé leurs prières et leurs expiations, sa justice eût été désarmée, et ces villes malheureuses sauvées. L'application qu'il en fit aux persécutions de l'heure présente et en particulier aux crimes de la France impie, fut saisissante. Le pieux prélat n'eut pas de peine à faire partager à tous ses auditeurs les douces et consolantes espérances que lui inspirait cette œuvre si éminemment expiatrice du pèlerinage de pénitence dans les saints lieux.

On devait lever l'ancre, et partir le soir du même jour, c'était le 27. Mais la mer devenait de plus en plus furieuse sous l'action toujours impérieuse du mistral. Les capitaines des navires, après s'être concertés avec les directeurs du pèlerinage, se décidèrent à attendre au lendemain matin, espérant que, pendant la nuit, le vent et la tempête diminueraient. Le vénérable Évêque de Marseille l'ayant su, vint à bord des deux navires pour bénir de nouveau tous les pèlerins, et les encourager par ses paternelles et bienveillantes paroles.

Sur les deux heures de l'après-midi, il y avait eu convocation de tous les pèlerins à l'église cathédrale, appelée *la Major*. Il y eût grand salut. Le R. P. Mathieu, de l'ordre de saint Dominique, au zèle tout apostolique, commença à exercer le ministère qu'il

devait remplir avec tant d'édification et de succès
pendant toute la durée du pèlerinage. Il monta en
chaire et fit une très solide et très intéressante instruction sur l'immensité des grâces de salut que renferme le divin cœur de Jésus, ne demandant qu'à
s'ouvrir sous la douce pression de la prière et de la pénitence. Sa parole fit une salutaire impression sur
tous les pèlerins. Les dispositions étaient déjà bonnes
et généreuses ; le courage et le dévouement en furent
encore augmentés.

Le T. R. P. Picard parut à son tour en chaire et,
unissant ses encouragements éloquents et chaleu-
reux à ceux du R. P. Mathieu, il donna des avis
précieux, et, avec des accents qui rappelèrent l'ardeur inspirée de Pierre l'Hermite, l'illustre prédica-
teur de la première croisade, il fit des demandes et
provoqua des réponses qui étaient le renouvellement
solennel des promesses de fidélité et d'obéissance, qui
avaient été faites par chaque pèlerin en particulier.

Les pèlerins étaient rentrés à bord, chacun se blot-
tit de son mieux, dans la partie de la cabine qui lui
avait été assignée. Comme nous étions encore dans le
port, une immense jetée brisait la fureur des vagues ;
la nuit se passa assez bien.

Mais dès le lendemain matin, vers quatre heures,
on entendit le sifflement de la vapeur, les sourds
grondements de la fumée et les mouvements brusques
et saccadés de l'hélice au-dessous de nous. A l'instant, tous les prêtres, et la plupart des messieurs
laïques sont sur pied. On monte sur le pont, on se
cramponne à la balustrade du bord, au dossier des

bancs, et l'on entonne tour à tour l'*Ave maris stella* et le *Magnificat*, puis un cantique composé pour la circonstance, commençant par ces mots, qui avaient tant de fois excité le courage de nos croisés : *Dieu le veut.*

Les dames étaient accourues ; elles mêlèrent leurs voix douces et harmonieuses à ce majestueux ensemble de voix fortes et graves qui dominait le bruit de l'ouragan.

Il semblait à tous, qu'à travers les quelques éclaircies des nuages noirs et épais que le vent balayait devant nous, on apercevait cette divine Mère, qu'on invoquait avec tant d'ardeur et de confiance, à l'heure présente du danger, sous ce nom si doux d'Étoile de la mer, nous sourire, nous rassurer en nous promettant sa protection puissante. Ce n'était qu'une pieuse illusion ; mais nous l'aurions vue de nos yeux, que nous n'aurions pas été plus pénétrés de la réalité de sa maternelle assistance.

Le moment des grandes épreuves était arrivé : à mesure que les navires avançaient vers la haute mer, le tangage croissait et devenait plus fatigant. Les navires plongeaient, tour à tour, de l'avant et de l'arrière, comme dans le fond d'un abîme. Le roulis, qui consiste dans le balancement, tantôt de la droite, tantôt de la gauche du navire, est moins pénible, et produit des effets moins fréquents et moins redoutables. Mais telle est quelquefois la violence de la tempête, que le navire se trouve livré aux deux mouvements à la fois. Alors des conséquences vraiment affligeantes sont inévitables pour la plupart des passagers.

C'est ce qui arriva sur les deux navires du pèlerinage. En quelques heures, à bord de *la Guadeloupe* où j'étais, cent, deux cents et jusqu'à trois cents pèlerins, hommes et femmes, furent atteints du terrible mal de mer. C'était le premier tribut de douloureuse pénitence. Dans les cabines, dans les salons et surtout sur le pont, on ne voyait, de tous côtés, que de pauvres malades étendus sur le parquet, enveloppés de leur couverture, vomissant des flots de bile, avec des soulèvements violents d'estomac ; puis retombant anéantis et comme morts jusqu'à nouvelle convulsion.

J'étais de ceux, en petit nombre, que la Providence avait préservés de ce terrible mal, afin sans doute de pouvoir porter secours aux pauvres malades et les consoler. Tous furent vraiment admirables de patience et de résignation ; les laïques comme les prêtres, les dames comme les messieurs.

Dans cet état de prostration complète, où ils étaient réduits, tous souriaient à une parole de piété et d'encouragement, et répondaient par un signe de tête affirmatif à la recommandation de bénir le Seigneur de la faveur d'avoir été choisis les premiers pour être des victimes de salut, et de lui offrir fréquemment leurs souffrances dans ce but.

Toute la journée et toute la nuit se passèrent dans cette situation si pénible et si douloureuse. Au moment du premier repas, le vendredi, entre dix et onze heures, nous étions à peine une trentaine de convives à la première table, au lieu de cent cinquante. Il en fut de même dans les salons de seconde et de troisième.

Il y eut, pendant ce triste repas, un moment de surprise et de frayeur : une vague énorme, haute comme une montagne, vint s'abattre sur le navire, inondant le pont et tous les passagers qui s'y trouvaient. Un d'entre eux fut roulé et jeté avec une telle violence contre un mât qu'il eut la figure toute meurtrie et tout ensanglantée.

Dans le salon où j'étais, on avait fermé toutes les écoutilles ; car déjà la mer s'était précipitée par cet étroit passage, et avait couvert de son écume les banquettes qui se trouvaient à sa portée ; mais pour avoir de l'air, on avait laissé ouvert, au plafond, le vitrail qui communiquait avec le pont. Le capitaine du navire, avec les officiers, était justement au-dessous, avec plusieurs pèlerins. La vague immense, qui avait tout balayé devant elle sur le pont, trouvant par là un passage ouvert, s'y engouffra ; et ces messieurs, qui étaient à prendre le café, virent leurs tasses renversées, et eux-mêmes furent couverts d'eau et d'écume. Accoutumés à de pareils accidents, ils eurent le bon esprit d'en rire.

Cependant, le samedi matin, le vent faiblit et la mer devint moins mauvaise, en sorte que les malades, pour la plupart, reprirent peu à peu des forces. Mais le dimanche, la mer s'étant tout à fait calmée, fut le vrai jour de la résurrection à peu près générale.

Alors le règlement fut promulgué et affiché.

Les exercices réguliers commencèrent. L'oraison en commun à 6 heures ; à 7 heures la messe de communion. Il y eut chaque jour un certain nombre de messes à bord. Une partie du pont fut pavoisée avec autant d'art que de goût, et transformée en chapelle par les marins.

Il y avait tout autour de l'autel principal une douzaine de petits autels portatifs, et on pouvait dire environ douze messes à la fois. Un riche tabernacle, apporté de Paris, renfermait notre divin Sauveur. L'adoration perpétuelle commença pour se continuer jusqu'au jour du débarquement.

Rien de plus édifiant que la vie des pèlerins ! Chaque jour il y avait de trois à quatre cents communions. Dans la matinée, avant le grand déjeuner, on récitait en commun tout le saint rosaire. Les réflexions pieuses étaient faites, chaque fois, d'une manière nouvelle et toujours très intéressante par le R. P. Mathieu ou par un de ses confrères, qui se trouvait avec lui sur *la Guadeloupe*.

Le soir, dans l'après-midi, c'était le chemin de la croix. Un Père Franciscain faisait, sur les divers mystères, des réflexions pleines d'onction et de piété. Les prêtres et les religieux récitaient le bréviaire en commun, dans la chapelle improvisée ; puis la lecture spirituelle avec des avis donnés d'une manière très intéressante par le Père Assomptioniste qui présidait.

Au quatrième jour, commencèrent les exercices de la retraite générale. Deux prédications, une le matin et l'autre le soir, furent ajoutées aux exercices ordinaires. Les officiers du bord, avec les matelots qui pouvaient interrompre leur service, se firent un devoir d'y assister. La ferveur de tous les pèlerins, leur entrain dans le chant des cantiques durent être un spectacle vraiment digne de Dieu et des anges.

Cette retraite fut terminée par une magnifique cérémonie, la plantation d'une croix. Une procession dans un ordre parfait, se déroula le long des flancs du navire. Les dames, avec leurs oriflammes, ouvraient la marche ; puis tous les messieurs laïques ; après eux, tous les prêtres chantant le *Vexilla regis*, le *Pange lingua,* etc. La croix apparaissait, ornée de riches draperies et portée sur les épaules de douze matelots en grand costume. Venait ensuite le célébrant, entouré de ses clercs, puis l'état-major du navire en costume officiel. C'était splendide.

Quand la croix eut été dressée sur le piédestal qu'on lui avait préparé, les rangs des pèlerins se resserrèrent ; et tous écoutèrent avec le plus profond recueillement une instruction remarquable d'un Père Dominicain.

Le bon Père retraça en traits vifs et saisissants, les grandes victoires que la croix avait remportées tant de fois, dans les siècles passés, sur toutes les puissances coalisées de l'enfer et du monde. Il nous les présenta comme un gage assuré des nouvelles victoires, d'un nouveau triomphe que la croix remporterait infailliblement de nos jours sur ces mêmes puissances infernales, déchaînées de nouveau sur toute la terre, et maîtresses souveraines dans tous les états et dans toutes les sociétés humaines.

Les cris de *Vive la croix*, sortis de toutes les poitrines et répétés plusieurs fois ; puis ceux de *Vive l'Église, Vive le Pape, Vive la France* retentirent et se prolongèrent au loin sur la surface azurée des eaux.

Telle a été la vie admirable des pèlerins sur mer.

La régularité, l'ordre, la piété, l'esprit de sacrifice n'ont cessé de régner un seul instant à bord, malgré la gêne et le malaise dont il était impossible de ne pas se ressentir, et qui avaient pour cause l'encombrement du navire.

Comme on était à la fois édifié et heureux de voir, dans tous les pèlerins, cette politesse douce et aimable qu'inspire la charité de Jésus-Christ ; toutes les bienséances sociales parfaitement observées, les égards et les attentions délicates dont on se prévenait mutuellement !

Que dirai-je encore de ces prières si fréquentes et si ferventes qui s'élevaient de tous les cœurs ; de ces privations, de ces souffrances si généreusement acceptées comme pénitence ; de cette union parfaite de tant de personnes, auparavant inconnues pour la plupart les unes aux autres, et placées dans des conditions si différentes de la société ! Union touchante, qui rappelait si bien celle des premiers Chrétiens ne formant qu'un cœur et qu'une âme.

Oh ! spectacle digne des applaudissements des anges et des saints, ô douces et salutaires compensations ! Comme elles devaient réjouir les cœurs sacrés de Jésus et de Marie, et provoquer leur plus tendre et plus puissante médiation, pour obtenir de la miséricorde infinie de Dieu le Père les plus riches, les plus abondantes grâces de pardon et de régénération sociale ! Grâces précieuses, qui auront été accordées, nous en avons la ferme confiance, et mises en réserve pour le jour, qui ne saurait être éloigné, du triomphe de l'Église !

Mais cette vie, si belle, si édifiante qu'elle fût, n'était pourtant que la partie préliminaire et préparatoire de la grande œuvre du pèlerinage. Suivons donc nos chers pèlerins à leur arrivée dans les saints lieux.

Le dimanche 7 mai, dixième jour après le départ de Marseille, les hautes montagnes du Liban, avec leur couronne de cèdres séculaires, et la rade de Saint-Jean-d'Acre apparurent dans le lointain. On entendit la sainte messe à bord ; puis on déjeuna. Notre navire avançait toujours. Bientôt la gracieuse montagne du Carmel, et la petite ville de Caïpha assise à ses pieds, se déroulèrent à nos regards.

La Picardie était restée en arrière. Nous craignîmes un accident ; mais heureusement il n'en était rien. Elle était descendue jusqu'à Jaffa, avant de se diriger vers le Carmel. Après avoir attendu plusieurs heures, le directeur spirituel de *la Guadeloupe*, le R. P. Bailly, consentit au débarquement. Il se fit dans la petite rade de Caïpha, sans accident.

A mesure que les pèlerins touchaient cette terre bénie, ils se prosternaient et la baisaient avec respect, en présence d'une foule énorme de Turcs, d'Arabes, de Grecs schismatiques, ainsi que des Catholiques du pays, qui tous étaient accourus au-devant de nous. Caïpha a l'avantage de posséder une maison de Pères Franciscains ; ces bons Pères étaient là, revêtus du surplis, la croix à leur tête. Ils nous conduisirent en chantant des hymnes dans leur chapelle pour adorer le saint sacrement et recevoir la bénédiction ; puis sur deux rangs, en ordre de procession, avec chants liturgiques, alternés de cantiques en langue française, nous fîmes l'ascension du Carmel, en suivant les contours sinueux de la célèbre montagne. Il nous fallut près d'une heure.

Rien de beau comme cette sainte montagne du Carmel ; elle est couverte, en tout temps, de plantes aromatiques les plus odoriférantes, de fleurs aux couleurs les plus variées, aux parfums les plus suaves, qui croissent naturellement et sans culture. L'étroit chemin que nous suivions est bordé de cactus fleuris d'une grosseur et d'une hauteur inconnues dans nos pays. Avec quel sentiment de joie et d'admiration je me rappelai ce passage du prophète Isaïe, où il compare la beauté de la fille de Sion à la beauté du Carmel : *Sicut decor Carmeli !*

A peu de distance du sommet de la montagne, s'élève un magnifique couvent. Il est occupé par les R.R. P.P. Carmes. Ils en ont fait presque une forteresse, afin d'être à l'abri des incursions des Bédouins et des attaques nocturnes des Arabes du désert. Ces bons Pères vinrent aussi nous recevoir avec croix et bannière, et nous conduisirent à leur chapelle, où nous reçûmes une nouvelle bénédiction.

Le Carmel est, de toute la Terre Sainte, la partie la plus éloignée de Jérusalem. Vous me demanderez sans doute pourquoi cette montagne a été le premier objectif de notre pèlerinage ; d'où lui vient sa célébrité, et quel rapport elle a avec le culte particulier qu'on y rend à Marie depuis les premiers siècles du Christianisme ? C'est avec plaisir et bonheur que je vais répondre à ces questions.

1° La sainte Écriture nous apprend que c'est sur

cette montagne, et dans une grotte spacieuse, qui constitue maintenant la crypte de la chapelle, qu'habitait le célèbre prophète Élie, avant que Dieu l'enlevât sur un char de feu. Il le fera reparaître dans les derniers temps, pour travailler à la conversion des Juifs. Élie les tirera de leur inconvenable aveuglement. Il les amènera, par la puissance de sa parole et de ses miracles, à reconnaître dans J.-C. le Messie promis, le Sauveur du monde ; et, à sa voix, ils entreront en foule dans le sein de l'Église catholique.

Ce saint prophète avait avec lui, dans la même grotte, le prophète Élisée, son premier disciple et son successeur. Autour d'eux s'était formée une école de jeunes Israélites fidèles, que la sainte Écriture désigne sous le nom d'enfants des prophètes. On voit encore, en descendant le flanc oriental de la montagne, et tout près de la mer, une autre grotte plus profonde et plus spacieuse que la première, où nous sommes allés processionnellement ; c'est là que les saints prophètes réunissaient leurs fidèles disciples et leur expliquaient les préceptes de la loi divine.

Vous n'avez pas oublié sans doute, mon cher ami, ce trait frappant de l'Écriture sainte, sous l'impie Achab. Dieu était irrité des crimes du peuple d'Israël que ce malheureux prince avait entraîné dans l'idolâtrie. Pour le ramener de ses égarements, il fit régner pendant plusieurs années une sécheresse complète. Bientôt toutes les plantes furent brûlées, e toutes les sources taries, et la misère fut à son comble.

Élie, touché des cris et des lamentations du peuple,

se mit en prière : puis il dit à son disciple de regarder du côté de la mer et de lui dire ce qu'il voyait. — Rien, répondit le disciple. — Élie continua de prier. Une seconde fois, puis une troisième, il ordonna à son fidèle disciple de sortir et de regarder au loin sur l'étendue de la mer. — Que vois-tu, lui-dit-il ? — Je ne vois rien, lui répondit celui-ci, qu'un petit nuage, grand seulement comme le pied d'un homme et qui paraît au bout de l'horizon.

Or, le roi Achab était campé au pied de la montagne, pour se saisir du prophète et le mettre à mort comme ayant tari, par son crédit auprès de Dieu, toutes les sources du ciel. — Cours vite, dit Élie à son serviteur, et avertis Achab de se mettre à l'abri ; car des torrents d'eau vont fondre sur la terre. — Le petit nuage, en effet, avait grandi à vue d'œil, il avait couvert le ciel entier, et bientôt la pluie tomba avec une telle abondance que toutes les campagnes en furent inondées.

Les saints Pères et les saints docteurs de tous les siècles, comme tous les interprètes de la sainte Écriture, ont vu, dans ce petit nuage, un symbole frappant, une image touchante de Marie qui devait un jour venir au monde, livré à tous les souffles dévorants de l'enfer, pour lui donner, dans la personne du divin Sauveur, la rosée céleste et fécondante, seule capable de l'arroser, de le fertiliser et de le sauver. C'est lui, c'est ce Verbe incarné dans le sein de cette glorieuse Vierge, qui, semblable à une pluie salutaire, et d'une vertu toute-puissante, devait relever les âmes abattues, flétries, les transformer par les charmes de sa doctrine céleste, par l'effusion de son sang divin, et les élever à une vie toute spirituelle et toute divine. Telle est la première raison de la célébrité du Carmel.

2° La tradition rapporte que la sainte Famille, à son retour d'Égypte, en se rendant à Nazareth, s'est arrêtée plusieurs jours sur le Carmel et dans la grotte d'Élie qu'elle a sanctifiée.

3° La montagne du Carmel fut toujours habitée par de pieux et saints solitaires, héritiers de l'esprit et de la sainteté d'Élie et d'Élisée. Or, dès la première prédication des Apôtres, après la descente du Saint-Esprit, ils furent les premiers à ouvrir leur cœur à la céleste lumière de l'Évangile, et les premiers aussi à honorer Marie d'un culte particulier de vénération et d'amour filial. Ils ont été les vrais fondateurs de l'ordre du Carmel.

4° Enfin la sainte Vierge a daigné apparaître sur cette montagne au bienheureux Simon Stock, Général des Carmes, et lui donner le modèle du scapulaire si connu, si vénéré sous le nom de scapulaire du Carmel, auquel elle a bien voulu attacher tant de bénédictions et tant de promesses de sa protection maternelle. Aucun autre scapulaire, quelque digne de vénération qu'il puisse être, ne jouit ni d'une origine si célèbre, ni de faveurs aussi nombreuses et aussi précieuses.

Sur le soir, l'arrivée des pèlerins que portait la *Picardie* mit le comble à la joie de tous. Ils montèrent, à leur tour, processionnellement sur la sainte montagne, et reçurent le même accueil fraternel des RR. PP. Carmes.

Après avoir adoré le Très-Saint-Sacrement et pris

part au salut solennel, les pèlerins de l'un et de l'autre
navire se répandirent sur l'immense terrasse ; ils
échangèrent leurs mutuelles félicitations ; puis, se
réunissant par groupes, ils firent honneur au modeste
repas qui leur fut servi par les Arabes, employés
du couvent. Des veaux, des moutons, des chèvres
avaient été dépecés et jetés dans une immense chau-
dière. On mangea comme on put, à la gamelle. On
riait de n'avoir pour instruments que ses doigts et
ses dents, et pour assiette qu'une forte tranche de
pain.

Puis, après la prière en commun, on passa la nuit,
les uns dans le grand bâtiment, en dehors du monas-
tère, dont tous les coins et recoins furent occupés ;
d'autres dans les corridors du couvent lui-même et
jusque dans la chapelle ; d'autres enfin en plein air,
roulés dans leurs couvertures. On n'avait pour se reposer que de simples nattes ; et cependant, chacun
paraissait content au milieu de ses privations.

Les messes commencèrent à minuit et se conti-
nuèrent toute la matinée. On avait dressé un grand
nombre d'autels portatifs. Tous les prêtres eurent le
bonheur d'offrir le divin sacrifice en l'honneur de No-
tre-Dame-du-Carmel. Tous les pèlerins laïques, les
messieurs comme les dames, firent la sainte communion.

Le temps était magnifique. Tous les exercices de
piété étant terminés, on fit une agréable promenade
sur le sommet de la montagne. Au son de la cloche,
des Pères, les pèlerins se réunirent sur l'esplanade
et, après avoir pêché de nouveau, comme la veille,

dans les célèbres chaudières, le signal du départ fut donné.

On se divisa en deux bandes. Les uns au nombre de trois cents environ, parmi lesquels j'étais, descendirent à Caïpha, où ils s'embarquèrent le soir même pour Jaffa. J'avais eu le bonheur de voir la sainte maison de Lorette et d'y offrir le divin sacrifice; la visite de Nazareth était dès lors pour moi sans motif et sans attrait.

Une compagnie anglaise, la compagnie Cook, s'est établie depuis quelques années dans la Palestine. Elle a son centre d'action à Jérusalem. Elle se charge de fournir aux voyageurs des montures et des guides pour toutes les directions. Elle avait réuni au Carmel une quantité de chameaux, de chevaux, de mulets et d'ânes. Sept à huit cents pèlerins, s'étant munis chacun d'une monture à sa convenance, partirent pour Nazareth. Cette ville, très petite, bien déchue de son ancienne splendeur, mais toujours chère à la piété chrétienne, est à 3o lieues du Carmel. Elle en est séparée par un grand désert, commençant aux dernières rampes de la montagne.

Tous ces pèlerins séjournèrent à Nazareth un jour et une nuit; puis ils se séparèrent encore en deux groupes. L'un revint à Caïpha et s'embarqua pour Jaffa, comme nous l'avions fait nous-mêmes. Il arriva trois jours après nous. L'autre groupe, bien plus nombreux, composé de cinq à six cents pèlerins, hommes et femmes, parcourut toute la Galilée, la Samarie et la Judée proprement dite. Il visita successivement le mont Thabor, la mer de Tibériade, le désert où avait été opéré le miracle de la multiplication des pains et des poissons, ainsi que tous les autres lieux que le divin Sauveur a rendus célèbres par ses prédications, par ses bienfaits et ses prodiges. Il arriva à Jérusalem deux jours après le second groupe, et quatre jours après le premier.

Ces pèlerins, qui ont ainsi parcouru toute la Terre Sainte, ont souffert plus que les autres, voyageant chaque jour par un soleil de 40 degrés ; n'ayant que des approvisionnements préparés à l'avance, buvant l'eau dangereuse et saumâtre des mares qu'ils rencontraient. Ils n'avaient la nuit, pour se reposer, que des tentes dressées chaque soir. Il y eut plus d'un accident, mais sans gravité. Ils arrivèrent à Jérusalem, où nous les retrouverons bientôt.

Revenons à Caïpha pour suivre le premier groupe, dont je faisais partie. Un des deux navires, *la Guadeloupe*, nous attendait, prêt à lever l'ancre, pour nous conduire à Jaffa. Nous nous embarquâmes à 7 heures du soir. La nuit fut calme. Nous étions moins nombreux, nous pûmes goûter un peu de repos. Le lendemain, vers dix heures, nous étions en vue de Jaffa. Cette ville est assez considérable. Du temps des Juifs et des Romains, elle portait le nom de Joppé. C'est de toutes les villes maritimes de la Palestine la plus rapprochée de Jérusalem ; elle est à quinze ou seize lieues de distance.

Après le déjeuner à bord, vers une heure de l'après-midi, à un signal donné, de grandes barques s'approchèrent pour recevoir les pèlerins et les transporter à terre. Ces barques étaient frétées par des agents de la compagnie Cook. Le débarquement se fit, non dans le port de Jaffa, qui est très petit, il eût fallu trop de temps ; mais sur la plage voisine très vaste, au milieu des sables. Les agents de la compagnie y avaient formé comme un camp retranché, avec des cordes tendues et soutenues par des piquets. Les barques qui devaient nous y conduire, grandes et contenant de 25 à 3o personnes, ne pouvaient atteindre le bord. Des Arabes, loués par la compagnie, se précipitèrent dans l'eau et vinrent pour recevoir les pèlerins sur leurs épaules, et les déposer sur le rivage. Mon tour arriva ; je m'élançai de la barque sur un Arabe fort et vigoureux. La mer était houleuse ; je n'y pris pas garde ; un flot vint et me couvrit d'eau jusqu'à la ceinture. Je ne fus pas le seul à me resigner à ce demi-bain froid et inopportun. Nous n'avions pas de quoi changer. Nous étions en plein air et en plein soleil ; nous abandonnâmes les suites à la Providence.

Quand nous fûmes tous débarqués, le R. P. Bailly, qui présidait, nous fit mettre en rang de procession. Les RR. PP. Franciscains, qui ont un grand couvent dans cette ville, nous attendaient. Ils nous conduisirent, au chant des hymmes et des psaumes, dans leur chapelle. De là nous allâmes visiter un hospice fondé par une honorable famille de Grenoble, et tenu par les sœurs de l'Apparition de Saint-Joseph de Marseille. Les fondateurs qui avaient bien voulu se trouver là, sur le passage des pèlerins, et les bonnes sœurs, nous offrirent des rafraîchissements qui furent acceptés avec plaisir et reconnaissance.

En descendant de l'hospice, situé au haut de la ville, pour retourner sur la grève, nous visitâmes la maison de Simon le corroyeur où saint Pierre eut la célèbre vision dont parlent les Actes des Apôtres, et qui lui annonça l'arrivée des envoyés du centenier Corneille. C'est aujourd'hui une petite mosquée, dont l'entrée est libre à tout le monde.

Nous n'eûmes pas le temps de visiter, à cause de son éloignement, la maison de la veuve Thabite, appelée aussi Dorcas, et ressuscitée par le même apôtre.

Nous revînmes sur la grève où des chevaux, des mulets, des ânes et enfin quelques chars-à-bancs nous attendaient. Ces chars-à-bancs ou chariots furent mis de préférence à la disposition des pèlerins les plus âgés. Nous partîmes pour Jérusalem entre six et sept heures du soir.

Le soleil, quoique descendant vers son couchant, éclairait encore de ses plus beaux rayons toute la plaine. Nous admirâmes la beauté et la fertilité des campagnes qui environnent Jaffa. La route est bordée de cactus qui s'élèvent hauts comme des arbres, s'épanouissent en une multitude de rameaux, et sont chargés de fleurs et de fruits. Ces fruits sont délicieux. On les appelle figues de Barbarie. Les orangers y sont aussi très abondants et d'une merveilleuse fécondité. Leurs oranges sont bien plus délicieuses que celles des contrées méridionales de l'Europe. Un Français s'est établi là ; il a acheté une belle propriété, qu'il tient très bien cultivée ; et il fait passer, chaque année, en Europe, nous a-t-on dit, pour plus de cent mille francs de ces superbes oranges.

Nous traversâmes ensuite les grandes et magnifiques plaines de Saron, négligées depuis longtemps par l'incurie des Turcs ; elles sont toujours par elles-mêmes aussi fertiles que dans le temps où le prophète Isaïe mettait leur beauté et leur fécondité sur la même ligne que celles du Carmel.

Il était minuit, quand nous franchîmes une petite ville qui a eu autrefois sa célébrité. Elle est connue sous le nom de Rameley ; c'est l'ancienne Arimathie, d'où était originaire ce prince des Juifs, qui, après avoir vu expirer sur la croix le divin Sauveur, mettant de côté tout respect humain, avec Nicodême qui partageait ses sentiments, obtint de Pilate l'honneur de donner la sépulture au saint corps de Jésus-Christ ; fonction dont ils s'acquittèrent, l'un et l'autre, avec un zèle si pieux, si dévoué.

Nous n'avions pris aucune nourriture, depuis notre déjeuner à bord du navire. Ce ne fut qu'entre minuit et une heure que nous nous arrêtâmes dans une espèce de camp, à la belle étoile, où des agents de la compagnie nous attendaient. Là, on distribua à chaque pèlerin une provision de pain, de viande froide et de fromage assez proprement enveloppée dans du papier. On nous servit aussi du vin. Nous fîmes honneur à ce petit festin de campagne, car nous avions faim.

La route de Jaffa à Jérusalem est mauvaise : des montées, des descentes interminables sur des rochers à arêtes vives ; mais le pied de nos petits chevaux arabes étant très solide, il n'y eut aucun accident grave. Toutefois sur nos chars-à-bancs, nous, les vieux pèlerins, nous sautions sans cesse sur la planche nue qui nous servait de siège ; et nos épaules, se heurtant violemment contre une autre planche formant dossier, étaient tout endolories. De plus, une rosée très abondante commença à tomber sur nous. L'humidité nous pénétrait, malgré nos couvertures et nos vêtements. On comprend pourquoi ce parcours de nuit fut plus fatigant pour ceux qui étaient traînés sur des carrioles que pour les cavaliers.

Enfin le jour s'annonce. Déjà le soleil dorait le sommet des montagnes que nous montions et descendions tour à tour. Nous approchions du vif objet de nos préoccupations et de nos désirs, de la ville sainte de Jérusalem. Mais à mesure que nous avancions, nous étions frappés de la nudité et de la stérilité de ces montagnes. A peine si, au fond des vallées, on rencontrait quelques signes de végétation, quelques touffes de gazon desséché, quelques arbustes rabougris.

A un moment donné, ceux qui formaient la tête de la colonne se retournent, et, agitant leurs chapeaux, se mettent à crier : Jérusalem ! Jérusalem ! Nous avançons, et, à la vue de la ville sainte, déployant ses remparts, ses tours et ses minarets, tous nous tombons à genoux et, baisant la terre, nous adorons profondément le divin Rédempteur des hommes, Jésus, qui avait tant aimé cette ville infidèle, tant pleuré sur ses ingratitudes et qui a versé jusqu'à la dernière goutte de son sang pour sa conversion et pour le salut du monde entier. Impossible d'exprimer le serrement de cœur et l'émotion que font éprouver des souvenirs si douloureux, joints à la vue effrayante des ruines amoncelées par la colère de Dieu, et des effets terribles de la malédiction que cette ville déicide a portée contre elle-même en disant : *Que son sang retombe sur nous et sur nos enfants.*

Nous mîmes de nouveau pied à terre, avant de pénétrer dans son enceinte, par la grande porte connue sous le nom de porte de Jaffa. Tous les habitants de la ville étaient accourus : Turcs, Arabes, Juifs, Arméniens, Grecs avec leurs physionomies et leurs costumes divers formaient un agréable coup d'œil. Le consul français envoya deux de ses drogmans pour nous souhaiter la bienvenue. Le Pacha, gouverneur de la ville, avait mis des troupes sur pied. Elles firent la haie et nous accompagnèrent, par honneur, jusqu'au Saint-Sépulcre. Des députations du clergé appartenant au patriarcat, et des RR. PP. Franciscains, gardiens du Saint-Sépulcre pour les catholiques, étaient aussi venus au-devant de nous, en habit de chœur.

Nous nous rendîmes au Saint-Sépulcre processionnellement, et sur deux rangs, en chantant des psaumes et des hymnes, le long des rues que nous parcourions. Toute la ville était dans la joie. La même cérémonie se renouvela le troisième jour à l'arrivée des pèlerins de Nazareth, et, cinq jours après, ce fut le tour des pèlerins venant de la Galilée et de la Samarie. Comme ce groupe était le plus nombreux, et avait à sa tête le T. R. P. Picard, directeur principal de tout le pèlerinage, le consul vint au-devant de lui pour le complimenter ; et le gouverneur, outre un bataillon de fantassins, détacha une escouade de cavalerie, qui prit la tête de la procession et l'accompagna jusqu'au Saint-Sépulcre. Tous les autres pèlerins étaient accourus, ils se joignirent au cortège qui fut magnifique.

Quand on eut prié et adoré, on sortit de la basilique. Les pèlerins s'étant réunis sur la place qui la précède, on assigna à chacun le logement qu'il devait occuper. Les hommes furent distribués dans les divers couvents religieux : Franciscains, prêtres de Sion (du père Ratisbonne), Missionnaires d'Afrique (de Mgr Lavigerie), puis au patriarcat et dans l'importante maison des Frères de la Doctrine chrétienne. Les dames furent logées dans des communautés religieuses.

Après cette répartition, la plupart des pèlerins durent se rappeler que le séjour de Jérusalem devait être, comme le voyage sur mer, sanctifié par la pénitence et les privations. Il y en eut très peu, parmi les hommes, qui eurent des lits ; le plus grand nombre fut entassé dans des chambres, dans des corridors, n'ayant, pour passer la nuit, qu'un simple matelas sur le carreau.

Vivre pendant plusieurs semaines sous un ciel de feu, n'avoir point de lit pour se délasser des courses et des fatigues du jour, s'étendre tout habillé sur un matelas côte à côte avec de nombreux voisins, et se sentir bientôt privé d'un air suffisamment respirable ; ce fut, on le comprend, une situation bien pénible à la nature, joignez à cela une nourriture, substantielle en elle-même, mais peu appétissante, prise sous une toile tendue dans une cour resserrée, par un soleil de 40 degrés et vous aurez une idée des souffrances de la plupart des pèlerins à Jérusalem. Tous s'y résignaient avec le même esprit de foi et d'amour qui les avait soutenus pendant la traversée de la mer ; mais beaucoup de faibles santés ne purent y tenir longtemps, et la mienne, déjà fort éprouvée sur le navire, fut de ce nombre.

Entrons maintenant dans quelques détails sur les exercices du pieux pèlerinage, et sur les monuments les plus vénérés de la ville sainte.

Commençons par le grand chemin de la croix ; on l'a fait fréquemment, et toujours avec des sentiments d'une religion et d'une piété profondes. Il était présidé par les R R. P P. Franciscains qui ont le privilège spécial de cette sainte fonction. Chaque fois, on a parcouru processionnellement, avec chants et prédications, toutes les stations de la voie douloureuse, c'est-à-dire, le long des rues que Notre-Seigneur lui-même a parcourues, chargé de sa croix, en montant au Calvaire.

Sur les ruines de l'ancien palais de Pilate, à gauche de la rue, s'élève une caserne occupée par un régiment de soldats turcs. On voit, en face, à droite de la même rue, le couvent des dames de Sion appelé *l'Ecce-homo*.

C'est le nom que porte, en toutes lettres, un cintre en maçonnerie qui part du couvent, traverse la rue et vient s'appuyer sur un grand mur opposé, faisant partie de l'enceinte de la caserne. Ce cintre a été construit sur l'emplacement du balcon de marbre où Pilate montra au peuple déicide Jésus tout couvert de sang, en disant : *Voilà l'homme.*

Un peu au-dessous des dames de Sion, du même côté de la rue, se trouve la chapelle de la Flagellation. Elle est adossée à une maison de Franciscains qui la desservent. Elle faisait partie autrefois des dépendances du palais. C'est dans ce lieu, si tristement célèbre et si vénéré des Chrétiens, que le divin Sauveur fut dépouillé de ses vêtements et attaché à une colonne qui servait à ces douloureuses exécutions, et flagellé avec une cruauté inouïe. Plusieurs milliers de coups de fouet firent voler sa chair en lambeaux.

Cette colonne, rougie du sang du Sauveur, n'est plus à Jérusalem ; elle a été depuis longtemps transportée à Rome et placée dans l'église Sainte-Praxède, où j'ai eu le bonheur de la vénérer. Mais le chapiteau a été conservé dans cette chapelle de la ville sainte. On le voit à découvert, tout près de l'autel, enchâssé dans une partie du parquet qui forme le marche-pied. Avec quelle émotion on se prosterne devant cet immortel monument de l'amour et des souffrances d'un Dieu ; avec quels transports on le couvre de ses larmes et de ses baisers !

La terrasse de la caserne a remplacé cette partie du palais où était le tribunal appelé par les Évangélistes Lithostrotos. C'est là que Jésus-Christ fut condamné à mort et chargé de sa croix. C'est là aussi que commencent les exercices du chemin de croix solennel.

Cette terrasse en est la première station. On y monte et on en descend par un grand escalier en pierre qui part de la cour de la caserne. Les soldats turcs étaient groupés de tous côtés, sur la terrasse et dans la cour. A l'arrivée de la procession, ils se levèrent tous, se tinrent debout, gardant un religieux silence, et dans l'attitude la plus respectueuse. Il en fut de même des nombreux rassemblements de Turcs et d'Arabes que nous rencontrâmes dans toute l'étendue de la voie douloureuse.

Ce parcours jusqu'au Calvaire est très long. Les rues sont étroites et tortueuses. Il faut toujours monter et descendre : le pavé, composé d'énormes cailloux bruts de toutes grandeurs et de toutes formes, est très glissant. Ah ! il n'est pas étonnant que Notre adorable Sauveur, chargé du poids énorme de sa croix et épuisé par la perte de son sang, soit tombé trois fois, à bout de forces, et succombant à la fatigue.

A la quatrième station, on voit la petite rue par laquelle Marie vint à sa rencontre pour lui témoigner la part si vive qu'elle prenait à ses cruelles souffrances, et le consoler. Il me semblait la voir apparaître, cette Mère de douleur, pâle, désolée, mais pleine d'un invincible courage ; fixant avec amour ses yeux noyés de larmes sur son adorable Fils, et ressentant, dans son cœur maternel, toutes ses immenses douleurs qui s'y réfléchissaient, comme dans un trop fidèle miroir. Je n'ai pas besoin de vous dire, mon cher ami, de quelle vive et inexprimable émotion on se sent pénétré à cette vue et à ce souvenir.

Un peu plus loin, on s'arrête devant la maison qu'habitait sainte Véronique et d'où elle sortit pour essuyer le visage de l'Auguste Victime. Ces deux faits sont certains, attestés, l'un par l'Évangile lui-même, et l'autre par la tradition la plus authentique.

Il est un autre fait moins certain ; mais dont le souvenir a traversé les âges et se conserve parmi les Chrétiens d'Orient : la légende du Juif-Errant. Sans doute cette légende n'est, au point de vue général de l'histoire, qu'un mythe et un symbole. C'est la nation juive elle-même, dispersée dans le monde entier, sans patrie, sans autel, partout étrangère, partout méprisée, réprouvée par tous les autres peuples, partout sous le poids des vengeances de Dieu dont la justice la poursuit en tous lieux.

Mais l'occasion de cette légende serait le fait suivant. L'adorable Sauveur, accablé sous le poids de sa croix, en parcourant ces rues si difficiles, épuisé de sang et de forces, se serait appuyé, à un certain moment, sur le bord de la croisée de la boutique d'un cordonnier. Ce malheureux aurait frappé rudement la main de notre Seigneur, pour lui faire lâcher prise. Le divin Sauveur se serait contenté de le regarder avec des yeux pleins d'attendrissement. Mais, au même moment, Dieu le Père aurait frappé ce misérable en punition de sa barbarie. Il aurait été livré à un esprit infernal qui lui fit prendre précipitamment la fuite, et le fit courir par le monde. Dès ce moment, il n'y aurait plus eu pour cet infortuné d'autre repos possible que celui du tombeau. On montre la maison et la boutique qu'il occupait, et tous les Chrétiens du pays soit catholiques, soit schismatiques croient à la réalité de ce fait, qui a traversé les siècles, et a été transmis fidèlement, de bouche en bouche, par les générations qui ont précédé.

Pour nous, la réalité si sensible et si visible du symbole doit nous suffire, je veux dire ce fait si pro digieux de l'existence perpétuelle de la dispersion et de l'isolement des Juifs, au milieu des autres peuples avec lesquels ils n'ont que des relations exclusivement commerciales. Quel terrible châtiment ! Qu'il est effrayant et incompréhensible cet endurcissement qui les empêche d'ouvrir les yeux à la lumière !

Ils sont à peu près dix mille qui habitent Jérusalem, sur une population de vingt-cinq mille âmes. Tous les vendredis, on les voit accourir sur le penchant de la montagne de Sion ; et là, au milieu des ruines du temple incendié par Titus, ils se livrent à des pleurs, à des lamentations sans fin, invoquant à grands cris la venue du Messie, leur libérateur. Insensés qui ne veulent pas voir que, depuis 1800 ans, il est descendu des cieux, ce Messie divin et qu'il règne sur le monde. Mais, nous l'avons déjà dit, l'heure de la grâce et de la miséricorde viendra conformément à la prédiction des prophètes et surtout de saint Jean dans son Apocalypse. Heureux ceux sur qui s'élèveront ces jours de salut !

De station en station, on arrive enfin au Saint-Sépulcre et de là au Calvaire, terme de la voie douloureuse. Le Calvaire n'est pas une montagne ; c'est une éminence parsemée de rochers. On en a laissé un à découvert, offrant aux regards une fente large et béante, qui rappelle ces paroles de l'Évangile : *et les rochers se fendirent.* Le Calvaire est renfermé dans la basilique du Saint-Sépulcre ; il forme comme une grande chapelle supérieure soutenue par une voûte et des pilastres ; de chaque côté un escalier en marbre de 25 à 30 degrés y conduit ; il domine toute la basilique.

Cette basilique est immense ; elle fut construite, vous le savez, par les ordres de sainte Hélène, mère du grand Constantin. La pieuse impératrice fit enfermer dans l'enceinte de ce magnifique édifice non seulement le Calvaire, mais aussi la plus grande partie du jardin de Joseph d'Arimathie, et notamment la grotte sépulcrale où Notre-Seigneur fut enseveli.

Cet immortel monument de la piété et de l'amour de sainte Hélène a subi, dans la suite des temps, diverses mutilations et modifications. Il fut presque entièrement détruit par les Turcs lorsqu'ils s'emparèrent pour la première fois de Jérusalem. Les croisés, sous la conduite de leurs vaillants chefs : les Godefroy de Bouillon, les Tancrède, les Raymond de Toulouse, ayant reconquis cette ville sainte, au prix de leur sang, relevèrent et restaurèrent les parties ruinées de la célèbre basilique. Plus tard, saint Louis lui-même, après sa captivité, fit procéder à de nombreuses réparations. Le Soudan d'Égypte, Saladin, s'empara de nouveau de Jérusalem, et mit fin au royaume latin, un peu moins d'un siècle après la première croisade. La basilique eut encore à souffrir de nombreuses mutilations de la part du fanatisme musulman. Cependant la Providence veillait ; elle fut conservée à peu près intacte dans son ensemble ; mais elle n'offre plus tous les majestueux caractères d'unité, de grandeur, de richesse et de beauté que lui avait imprimés le génie des architectes romains employés par sainte Hélène.

L'entrée de la basilique est précédée d'une petite place, chose rare à Jérusalem, où l'on ne voit qu'un labyrinthe de rues très resserrées, et d'un aspect disgracieux. En mettant le pied sur le seuil du temple, le premier objet qui frappe les regards, c'est la grotte du Saint-Sépulcre, renfermant l'autel de la Résurrection.

Cette grotte est recouverte à l'extérieur et est surmontée d'un dôme magnifique ; mais, en avant de la grotte, on voit une table de marbre aux diverses couleurs, couronnée par un baldaquin très riche aux colonnes d'albâtre ; sur cette table de marbre reposa quelque temps le corps de Notre-Seigneur, avant d'être porté dans le sépulcre.

Vous savez que Joseph d'Arimathie et son ami Nicodème détachèrent de la croix le corps du divin Sauveur, que Marie reçut entre ses bras ; puis descendus des échelles dont ils s'étaient servis, ils le reprirent sur les genoux de sa mère et le portèrent sur cette pierre, qui avait été placée dans ce but. Ils lavèrent ensuite, selon la coutume des Juifs, ce corps sacré avec des parfums odoriférants, et l'enveloppèrent dans un suaire ou linceul.

Ce saint suaire existe encore de nos jours. A mon retour de la Terre Sainte, j'ai eu le bonheur de le vénérer dans la ville de Turin, devenue héritière de cet incomparable trésor. Il repose dans la cathédrale sous un magnifique mausolée de marbre et d'or, élevé par la piété des anciens ducs de Savoie.

Le premier acte religieux des pèlerins comme de tous les fidèles, quand ils entrent dans la basilique du Saint-Sépulcre, c'est de se prosterner et de baiser avec un profond respect cette pierre funéraire, à jamais sainte et sacrée, où a reposé le corps du Sauveur du monde après sa mort ; et, par cet acte accompli avec foi, repentir et amour, on gagne une indulgence plénière. Cette indulgence est obtenue chaque fois qu'en entrant de nouveau dans la basilique on renouvelle cette prostration et ce baiser.

De là, on se rend dans la grotte du tombeau, et à l'autel de la Résurrection. Cet autel est revêtu d'ornements splendides ; mais on a laissé visibles, surtout à la voûte, les parois du rocher. Les dimensions de la grotte sont les mêmes que quand Notre-Seigneur y fut enseveli. Trois ou quatre personnes seulement, avec le célébrant et son clerc, peuvent y trouver place ; mais on a agrandi l'ouverture de la grotte, et toutes les personnes qui se trouvent en dehors, entre la grotte et la pierre des parfums, peuvent entendre la sainte messe.

Oh ! quel bonheur pour nous, prêtres, de pouvoir offrir le divin sacrifice sur cet autel de la Résurrection, là où la vie l'a emporté sur la mort, comme parle saint Paul ; et où la mort a été à jamais vaincue et ensevelie dans son triomphe ! Toutefois, cette faveur n'est pas facile à obtenir.

Qui ignore combien, sous l'ancienne monarchie, la France était florissante et respectée ? Avant la terrible révolution de 89, dont nous subissons encore, hélas ! de si lamentables conséquences, elle était, de toutes les puissances, celle qui jouissait de plus de crédit, de faveurs et de privilèges dans tout l'Orient, surtout à Jérusalem. Nos princes veillaient avec un zèle admirable à ce que les droits, les franchises de la France fussent maintenus inviolables et respectés non seulement par les puissances musulmanes, mais aussi par toutes les autres nations. Le nom et la qualité de Français exerçaient la plus grande influence dans toutes les contrées du Levant. Les excès de nos gouvernements révolutionnaires, leur prosélitisme impie ont porté de rudes atteintes à un état de choses si glorieux pour la France, et si avantageux à la catholicité tout entière.

A mesure qu'oublieux de la dignité et des droits de notre chère patrie, les gouvernements révolutionnaires se désintéressaient peu à peu et abandonnaient la protection des saints lieux, les puissances schismatiques, la Russie d'abord, et sous sa tutelle prépondérante, la Grèce et l'Arménie ont obtenu des Sultans de Constantinople plusieurs firmans qui leur octroyaient d'importantes concessions, au détriment des intérêts et des droits des catholiques.

Aussi, dans l'église du Saint-Sépulcre, le tombeau du Christ et l'autel de la Résurrection appartiennent tour à tour, pour l'usage, aux schismatiques et aux catholiques. Ces derniers sont les plus mal partagés. Les prêtres ne peuvent y dire la sainte messe que depuis minuit jusqu'à quatre heures et demie. Alors les Grecs schismatiques commencent leurs offices, qui sont longs et chantés. Puis vient le tour des Arméniens. Plusieurs messes célébrées par eux, et dans leur rit spécial, s'y succèdent jusqu'à une heure avancée de la matinée. Les prêtres catholiques, religieux résidants, ou voyageurs et pèlerins, qui veulent avoir le bonheur d'y offrir le saint sacrifice sont obligés de demander asile pour la nuit aux PP. Franciscains.

Ces bons pères ont plusieurs couvents à Jérusalem ; mais le principal est derrière la grande basilique ; ils en sont les gardiens pour le culte catholique latin. Ils ont en propriété une grande chapelle attenant à la basilique, où ils font leurs offices et administrent les sacrements. Cette chapelle sert d'église paroissiale. Elle porte le nom de la chapelle de l'Apparition parce qu'elle est située dans le lieu même où, conformément au témoignage d'une tradition universelle et incontestable, Notre-Seigneur apparut à sa sainte Mère aussitôt après sa résurrection. C'était alors une petite maison, habitée par une famille amie, probablement celle du jardinier. Après l'ensevelissement de son Fils, Marie était restée là pour être le plus près possible de son tombeau, et y attendait le jour si désiré de sa résurrection. Triomphe si glorieux pour son Fils sur la mort et sur l'enfer, et qui devait, selon la parole du prophète, procurer à son cœur maternel, des consolations, des joies ineffables, et proportionnées à l'immensité des peines qu'elle avait endurées

Je fus donc obligé d'avoir recours à la bonne hospitalité des RR. PP. pour dire la messe au Saint-Sépulcre.

Entre le bâtiment de la custodie et la sacristie de la chapelle, ils ont un petit appartement dans lequel ils ont placé cinq lits. Nous étions justement cinq prêtres pèlerins qui avions pris la précaution de nous faire inscrire les premiers, pour le troisième jour après notre arrivée à Jérusalem. On nous y donna, avec une grande cordialité, à souper et à coucher.

Entre minuit et une heure, le bon père sacristain vint nous réveiller. Nous pûmes ainsi satisfaire notre dévotion, et dire, tour à tour, la messe, dans ce lieu si saint et si vénéré. Au-dessus du tombeau dans lequel notre Sauveur est demeuré trois jours, endormi du sommeil de la mort, se trouve l'autel dont nous avons parlé, et qui a été élevé à la place de la pierre scellée par les chefs de la nation juive, et que l'adorable et tout-puissant Vainqueur renversa, au moment de sa résurrection.

Oh ! mon cher ami, comment vous dire les vives impressions et les joies si douces qu'on éprouve dans ce lieu béni ! Tous les faits qui s'y sont accomplis semblaient revivre à mes yeux. Là, de chaque côté de la pierre renversée, étaient assis les deux anges, revêtus de vêtements d'une blancheur éblouissante, disant aux saintes femmes éplorées : « Que cherchez-vous, âmes désolées ? Rassurez-vous, réjouissez-vous au lieu de pleurer : le divin Jésus que vous cherchez n'est plus ici. Il est ressuscité comme il l'avait dit, glorieux et immortel. Allez annoncer cette bonne nouvelle aux Apôtres et aux Disciples. » Un peu plus loin, en avant de la grotte, les soldats farouches, préposés à la garde du tombeau, renversés à la vue des anges et comme foudroyés de terreur, puis revenus à eux-mêmes, se hâtant de prendre la fuite et d'aller répandre partout la nouvelle de la résurrection de Jésus-Christ.

Oh ! comme on se sent animé d'une foi vive et

inondé de joie, d'espérance et d'amour dans ce lieu si
cher ! Il n'y a que le ciel lui-même, quand il nous dé-
voilera ses beautés infinies, qui puisse faire éprouver
des sensations plus délicieuses !

Entre la chapelle de l'Apparition à Marie et le tombeau, se trouve une autre chapelle plus rapprochée
de ce dernier. Elle est dédiée à sainte Marie Madeleine, et occupe le lieu où Jésus apparut à cette illustre
pénitente. Là encore, l'âme se sent remplie d'une
ineffable douceur. C'est dans cette partie du jardin
que Madeleine désolée cherchait son divin Maître,
qui avait disparu du sépulcre. Éperdue et uniquement
occupée de l'objet de son amour, elle entendit une voix
qui lui demandait ce qu'elle cherchait. Sans regarder
son interlocuteur, et croyant que c'était le jardinier,
elle dit : « Si c'est vous qui l'avez retiré du tombeau,
oh ! de grâce, dites-moi où vous l'avez mis, afin que je
puisse l'emporter ! » — « Marie, » lui dit Jésus avec
l'accent si connu de sa voix ordinaire. Madeleine, fré-
missante de bonheur, se précipite à ses pieds et les
couvre de ses baisers. Jésus, lui posant la main sur le
front, lui dit : « Ne me touchez pas encore, car il faut
que je remonte auparavant vers mon Père ; allez consoler mes disciples, dites-leur qu'ils me verront
bientôt eux-mêmes.

J'ai eu le bonheur de faire, il y a quelques années,
un pèlerinage à la Sainte-Baune, désert célèbre sur
les flancs d'une montagne de la Provence. Là se trouve
la grotte où Marie Madeleine a passé trente-trois ans,
ne vivant que de son amour et de ses larmes. Ses
reliques reposent dans un tombeau magnifique élevé

dans une des nefs de la basilique de Saint-Maximin, à quelques lieues de distance. Sur l'autel de cette crypte, on voit, enchâssée dans un riche reliquaire en or, la tête de cette illustre pénitente. Sur sont front on aperçoit une plaque d'une blancheur remarquable, tandis que tout le reste du crâne est jauni par le temps. Cette empreinte, si blanche, est celle que fit la main du divin Sauveur et on l'appelle le *noli me tangere*, c'est-à-dire *ne me touchez pas encore!* Le moment que je réserve aux manifestations de votre amour viendra plus tard.

Il est venu, en effet, ce temps si heureux pour Madeleine et sans tarder beaucoup. Tous les jours, pendant qu'elle habitait son désert de la Sainte-Baune, elle montait plusieurs fois sur le haut de la montagne pour prier. Là, les anges l'enlevaient jusqu'au ciel. Elle y entendait les concerts admirables des chœurs célestes, et y jouissait de la vue et des charmes ineffables de son adorable époux. Rien de plus certain que ce trait historique. Il nous a été transmis par l'organe d'une tradition immémoriale ; et, de nos jours, des historiens d'une érudition remarquable en ont démontré l'authenticité parfaite, par des documents irréfutables qu'ils ont découverts, et qu'ils ont mis au jour.

Revenons au Saint-Sépulcre, et terminons par un détail bien regrettable. Sur le Calvaire, à l'endroit même où fut enfoncé le pied de la croix qui portait Jésus-Christ, on voit un autel très riche et très orné, devant lequel il est permis à chacun de se prosterner et d'adorer le divin Crucifié ; mais c'est tout.

Les schismatiques en ont la propriété ; et les prêtres catholiques ne peuvent jamais y célébrer le saint sacrifice. Quelle privation !

Il est vrai que, comme dédommagement, s'élève à côté un autel qui leur appartient. Ce second autel, à quelques pas du premier, est à l'endroit même où Jésus-Christ fut cloué à la croix. Oh ! qu'ils sont terribles et douloureux les sentiments qu'on éprouve quand on y célèbre la sainte messe. Il semble qu'on entend les coups de marteau enfonçant d'énormes clous dans les pieds et dans les mains de la sainte Victime. On se sent le cœur pénétré de componction et les yeux pleins de larmes, en offrant à Dieu le Père le renouvellement du sacrifice, qui fut alors si sanglant, de son divin Fils.

Transportons-nous maintenant de l'autre côté de Jérusalem pour aller à Gethsémani. Arrêtons-nous d'abord dans la célèbre église de Sainte-Anne qui se trouve sur notre route.

Cette église est très ancienne. Elle fut bâtie dès les premiers siècles du christianisme sur les fondements d'une petite maison qui avait appartenu à Saint Joachim et à Sainte Anne. Elle a trois grandes nefs. Le maître autel s'élève sur l'emplacement qu'occupait l'appartement des deux saints époux ; c'est donc là que s'est opérée l'ineffable merveille de l'immaculée Conception, le premier et le plus précieux des titres de gloire de Marie ! J'ai eu plusieurs fois le bonheur de dire la sainte messe dans cet auguste sanctuaire, dont la vue doit être si agréable et si chère à Marie ; car il atteste, à toutes les générations qui se succèdent, son immortelle victoire sur l'antique serpent, dont elle a écrasé la tête orgueilleuse sous son pied virginal.

Cet illustre et saint édifice avait été transformé, depuis des siècles, en mosquée par le fanatisme musulman. Il fut cédé à la France, à titre de gratitude, par le sultan de Constantinople, à la suite de la guerre de Crimée. Le gouvernement français le confia au zèle apostolique de Mgr Lavigerie, Archevêque d'Alger, et aujourd'hui Cardinal de la sainte Église romaine. Le vénérable prélat l'accepta avec reconnaissance. Il se hâta de faire construire, [dans ses dépendances, un couvent où il a installé des Pères d'une congrégation qu'il a fondée sous le nom de Missionnaires d'Afrique.

J'étais logé dans ce couvent. Je n'oublierai jamais la charité toute gracieuse de ces bons Pères, et surtout les bontés de leur vénéré Supérieur et du R. P. Procureur. J'y ai cependant souffert beaucoup, par suite de grandes fatigues et de l'altération de ma santé. Mais, aussi, quel dédommagement par les souvenirs si consolants et les sentiments de bonheur dont on est pénétré, dans un lieu si saint et si rempli de la gloire de Marie immaculée !

A la sortie du couvent de Sainte-Anne, en descendant la rue, à peu de distance, on arrive au pied du rempart. On tourne à gauche, et on traverse une porte monumentale, gardée par des soldats turcs. Cette porte est appelée par les chétiens la porte de Saint-Étienne, parce que c'est là que le saint diacre fut lapidé par ses ennemis en fureur. Mais les Arabes l'appellent *Bab sidi Mariani,* la porte de Madame Marie. Ils lui ont donné ce nom, parce qu'elle conduit à l'église de l'Assomption.

Cette église était primitivement la grotte où les apôtres, après la mort de Marie, déposèrent son corps vénéré qui y resta jusqu'au jour à jamais mémorable de l'Assomption. Personne n'ignore que ce fut le troisième jour que l'âme glorifiée de Marie rentra dans son corps sacré, pour le rendre participant du bonheur et de la gloire dont elle jouissait. Jour à jamais heureux, où des Anges et des Archanges, choisis dans tous les rangs de la hiérarchie céleste, vinrent prendre cette divine vierge et la transportèrent en corps et en âme dans le ciel.

Marie fit son entrée dans cet immortel séjour avec tout l'éclat du plus magnifique triomphe, entourée du plus brillant cortège, au bruit des applaudissements et des chants de victoire de tous ses heureux habitants. Mais ce qui toucha le plus sensiblement son cœur maternel, et rendit son bonheur inexprimable, ce fut de voir son adorable Fils lui-même, nouveau Salomon, descendre de son trône, et venir au-devant d'elle, pour l'honorer, *surrexit Rex in occursum ejus.* Il la combla des plus glorieux témoignages de son respect et de son amour filial. Il la conduisit sur le trône magnifique qu'il lui avait préparé à la droite du sien. *Positusque est thronus matris regis quæ sedit ad dexteram ejus.* Là, mettant à sa disposition le sceptre de sa toute-puissance, et l'assurant que ses demandes ne seraient jamais rejetées, *pete, Mater mea, neque enim fas est ut avertam faciem tuam* (Liv. Rois, 3, ch, 2.) il plaça sur son front cette célèbre couronne de dou étoiles, d'un éclat incomparable, dont nous parle saint Jean dans son Apocalypse, et la proclama Reine du ciel et de la terre. Tous les chœurs angéliques, toutes les nombreuses tribus des saints firent retentir de nouveau les voûtes éternelles de leurs plus ardentes acclamations et de leurs plus vifs transports d'allégresse; puis ils vinrent, tour à tour, déposer, aux pieds de cette aimable souveraine, l'hommage profond de leur amour

Telle est, mon cher ami, vous le savez parfaitement, la doctrine de la sainte Église catholique, notre mère. Elle s'est plu à la formuler, d'une manière toute particulière, dans les beaux chants de sa liturgie sacrée, dont elle fait retentir ses temples, chaque année avec tant de bonheur, au jour anniversaire de l'accomplissement de cette grande et ineffable merveille : *Exaltata est sancta Dei genitrix super choros angelorum, quia cum Christo regnat in æternum.*

Telle est aussi la signification frappante de cette grande basilique de l'Assomption, dont il ne reste presque plus que des parties mutilées, ou plutôt des ruines souterraines. Sa fondation remonte aux premiers siècles de l'Église. Elle avait été élevée par la piété des fidèles pour glorifier la résurrection et le triomphe de Marie, et en perpétuer le souvenir sur l'emplacement même de la grotte qui avait servi de tombeau à cette divine Mère.

Ce n'est pas sans dessein que les Apôtres avaient choisi de préférence cette grotte, pour y ensevelir son saint corps. C'est parce qu'elle se trouvait tout près de celle où son divin Fils avait souffert sa douloureuse agonie. Pourquoi cette belle église, destinée à rappeler tant de souvenirs précieux, a-t-elle subi des changements et des dégradations qui la rendent méconnaissable? Pourquoi est-elle devenue une simple chapelle souterraine? La cause première est sans doute dans les éboulements successifs des terrains qui l'environnent ; mais on ne peut disculper entièrement de la responsabilité de ce malheur la malveillance et l'hostilité musulmanes. On descend par 45 marches dans la partie qui subsiste encore de ce pieux sanctuaire ; et ce qui ajoute à la douloureuse tristesse des Catholiques, c'est qu'il est la propriété exclusive des schismatiques.

Quand on a franchi la porte dont je viens de parler, un imposant spectacle frappe les regards. D'un côté, à gauche, on découvre une partie de la ville échelonnée sur le penchant du mont Moria. Devant soi, s'élève en pente assez rapide la célèbre montagne des Oliviers ; et au-dessous s'étend la grande vallée de Josaphat. Une autre montagne se dresse à droite de celle des Oliviers ; elle conduit au bourg si célèbre de Béthanie, qui fut la demeure de Lazare et de ses sœurs, Marthe et Marie-Madeleine, illustre famille dont l'hospitalité fut si chère au divin Sauveur ! Puis on descend, par un chemin étroit et raide, vers le torrent de Cédron. Ce torrent est assez impétueux ; pendant trois mois, il roule et déverse ses eaux bourbeuses le long de la fameuse vallée ; mais, après la saison des pluies, il est à sec le reste de l'année.

Quand on a traversé le lit du torrent, sur un petit pont en planches, on entre dans le célèbre jardin de

Gethzémani. Une partie de ce jardin est la propriété des RR. PP. Franciscains. Un de leurs frères jardinier le cultive. Il y fait venir exclusivement des fleurs. Ces fleurs, comme celles qui sont cueillies dans tous les lieux que Notre-Seigneur a parcourus, sont très recherchées. On les colle habilement sur du papier, et on en expédie une grande quantité dans toutes les parties de l'Europe.

J'ai remarqué dans ce jardin, dont le nom rappelle de si touchants souvenirs, quatre oliviers d'une grosseur extraordinaire. Leur tronc peut avoir huit mètres d'envergure. Ils ont relativement peu de branches et de feuilles, parce qu'on les émonde beaucoup, afin de les conserver plus longtemps. Ces oliviers comptent certainement des siècles ; mais combien ? on l'ignore. Étaient-ils là du temps de Notre-Seigneur ? On n'a là-dessus aucune donnée, même probable. Ce qui est indubitable, et ce que la science naturelle constate, c'est que l'olivier a par lui-même, et quand rien ne contrarie son développement naturel, une très longue existence.

A quelques pas de cet endroit se trouve la grotte à jamais chère à tous les cœurs chrétiens, où Notre-Seigneur a souffert son agonie mortelle. C'est là qu'à la vue de ce calice amer, renfermant tous les crimes du monde, dont son Père lui demandait l'expiation, il versa des larmes mêlées à son sang. Cette grotte est de forme à peu près ronde. Elle renferme trois autels, et on peut ainsi y dire trois messes à la fois.

On ne saurait se lasser d'aller prier et gémir dans ce lieu si saint, en union avec Jésus agonisant. J'ai eu la consolation d'y dire la messe. Au moment de l'élévation, en contemplant le divin Sauveur sous son voile eucharistique, je fus vivement frappé du souvenir de ces paroles qui ont encore, dans les tristes jours où nous vivons, une actualité si frappante. *Mon âme est triste jusqu'à la mort ; veillez et priez afin que vous ne succombiez pas à la tentation.* Je me sentis le cœur oppressé, et des larmes me vinrent aux yeux.

Je n'ai pu monter jusqu'au haut de la montagne des Oliviers. Il fallait, pour faire cette ascension, sous les ardeurs d'un soleil brûlant, des forces supérieures aux miennes. Mais ce que je n'ai pu faire, d'autres pèlerins, jeunes et pleins de vigueur, l'ont accompli. Ils sont montés jusque sur le sommet, et ont eu le bonheur de voir l'empreinte des pieds de Notre-Seigneur, sur le rocher d'où il s'est élancé vers les cieux, en présence des Apôtres, des disciples et de Marie elle-même, tous ravis de bonheur. Tout près de ce rocher s'élève un couvent de Carmélites, fondé par la princesse de la Tour d'Auvergne. Là, ces saintes âmes, vivant de ce pieux souvenir, plus détachées de la terre, plus mortes à elles-mêmes, se sentent plus près du ciel.

Il ne me reste plus qu'à vous parler de ma dernière station de pèlerin. Ce fut celle de Bethléem. Cette ville n'est pas très importante, mais la naissance du Messie promis lui a donné une illustration chantée par la voix des prophètes, et que rien ne saurait égaler. De longs siècles à l'avance, le prophète Isaïe avait annoncé que sa célébrité et sa gloire effaceraient celle des plus grandes cités. Ce qui s'est parfaitement réalisé ; car la petite ville de Bethléem est connue du monde entier, et elle n'est pas moins l'objet des aspirations les plus vives et les plus ardentes des pieux pèlerins, que Jérusalem elle-même.

Il entrait dans les desseins de Dieu que cette chère petite ville fût le terme de mon pèlerinage. Je fus bien inspiré de ne pas attendre le jour, non encore fixé, où tous les pèlerins devaient y aller ensemble ; c'eût été trop tard pour moi. Je savais, d'ailleurs, qu'il en était de la grotte où notre divin Sauveur est né, comme de celle du Saint-Sépulcre.

Tout près de la basilique majestueuse qui renferme cette sainte grotte dans sa vaste enceinte, il y a un couvent de Franciscains. Là comme dans leurs autres maisons, ces bons PP. se font un plaisir de donner l'hospitalité aux pèlerins ; mais ils n'ont pas la liberté de dire, ni de laisser dire la sainte messe à toute heure du matin. Malheureusement les schismatiques en sont aussi les maîtres ; et, de même qu'au Saint-Sépulcre, dès quatre heures du matin, ils s'emparent de la grotte et de l'autel qu'elle renferme et ils célèbrent leurs offices chantés qui se prolongent bien avant dans la matinée.

Pour avoir l'inappréciable avantage d'y célébrer le divin sacrifice, il faut donc se transporter dès le soir à Bethléem, et y passer la nuit. C'est ce que je fis. La distance est de quatre à cinq lieues. Ne pouvant y aller à pied, je me rendis à l'établissement Cook, je louai un moucre, un cheval et un âne. Le moucre est un guide arabe ; il prit l'âne et je montai sur le cheval.

La route est pierreuse, quoique moins accidentée que

celle de Jaffa à Jérusalem. Bethléem a un aspect moins triste. Elle s'élève dans une situation assez gracieuse, sur un côteau, et se déroule en amphithéâtre. Les plaines qui l'entourent sont assez verdoyantes. Les Catholiques y sont plus nombreux qu'à Jérusalem ; ils sont quatre mille sur six mille habitants, tandis qu'à Jérusalem on en compte à peine deux mille sur vingt-cinq mille habitants. Son aspect inspire aussi un sentiment bien différent : C'est une douce allégresse, une émotion délicieuse qui pénètrent l'âme. Il semble que sur les hauteurs qui l'entourent on entend encore la voix céleste des Anges et leur joyeux *Gloria in excelsis* retentir dans les airs. La population, étant en majeure partie catholique, n'a pas l'air sombre et sévère des habitants de Jérusalem ; elle paraît plus riante et plus affable. Pour me rendre au couvent des PP. Franciscains je n'eus qu'à suivre, guidé par mon moucre, une rue longue et large, très peuplée, très animée qui va d'un bout de la ville à l'autre.

C'était un samedi. Les bons Pères me reçurent comme ils reçoivent tous les pèlerins, avec une grande cordialité. Ils me servirent un rafraîchissement ; puis, sur ma demande, avant de m'installer dans une cellule, un d'entre eux voulut bien me conduire dans la basilique.

Après avoir adoré quelques intants le très saint Sacrement, nous nous dirigeâmes vers la célèbre grotte de la Nativité. J'y trouvai un prêtre grec schismatique qui en est le gardien. Il est là continuellement pour affirmer le droit de propriété que s'attribuent ses coreligionnaires ; toutefois ils respectent les pèlerins catholiques, et ne les gênent en rien.

Je me prosternai à genoux devant l'autel qui remplace la crèche, transportée à Rome, et je restai là les yeux pleins de douces larmes, absorbé par les délicieux souvenirs des anéantissements ineffables de l'incarnation, et de la merveilleuse naissance de l'Enfant-Sauveur. J'y revins encore le soir, avant d'aller prendre du repos. On comprend qu'il y ait là comme un aimant puissant qui attire, et l'on ne voudrait jamais plus s'éloigner de ce lieu si vénérable et si vénéré.

Le lendemain matin à trois heures, j'y célébrai la sainte messe. Comment se faire une idée du bonheur que je ressentis quand je vis entre mes mains le même Enfant divin, qui, il y a dix-huit cent quatre-ving-deux ans, avait daigné choisir cet endroit si pauvre pour faire sa première apparition sur la terre. C'est là que, semblable à un rayon d'or du soleil qui passe au travers d'un pur cristal sans l'altérer, le Maître du monde avait paru tout à coup dans les bras de sa mère plongée dans l'extase d'une joie inénarrable.

Mon attendrissement, mon émotion furent tels que je crus un moment que je ne pourrais pas continuer la sainte messe. Je me remis cependant, et, avant la sainte communion, j'offris pour crèche à l'Enfant divin qui semblait me sourire avec une bonté infinie, tout mon pauvre cœur. Mais comme il était si dépourvu des vertus qui pouvaient lui plaire, je lui offris celui de tous les membres de ma pieuse famille, et aussi celui de toutes les âmes les plus saintes et les plus ferventes qui se trouvaient sur la terre.

Cette grotte que le Verbe incarné, le Fils de Dieu fait homme, a choisie pour palais à son entrée dans ce monde, est toujours la même. Malgré les longs siècles qui se sont succédés depuis, elle n'a subi aucun changement notable. On sait que jusque-là elle n'avait eu d'autre usage que de servir de refuge aux animaux domestiques, quand on les conduisait aux pâturages, ou quand ils en revenaient. Joseph et Marie n'ayant trouvé de logement dans aucune des hôtelleries de la ville, vinrent y chercher un abri. Elle est toujours dans les mêmes conditions de sa simplicité primitive.

La crèche a disparu. C'est un des joyaux les plus précieux de la basilique de Sainte-Marie-Majeure à Rome. Un autel très riche la remplace. Elle a deux compartiments, à demi séparés par une anfractuosité du rocher. Dans l'un était Marie, et dans l'autre saint Joseph. Quand l'Enfant divin apparut radieux et plein de grâce dans les bras de sa mère, il reçut d'abord ses adorations profondes et ses maternelles caresses. Saint Joseph, réveillé par un ange, accourut aussitôt, et, se prosternant à son tour profondément, adora ce Dieu incarné, ce Roi immortel des siècles caché sous les voiles de l'enfance, et qui lui souriait avec un amour tout filial. Il commença à exercer dès lors auprès de lui les sublimes fonctions de gardien et de père nourricier qui lui avaient été confiées en vertu d'une vocation et d'une prédilection toutes spéciales du ciel.

Après l'action de grâces et le déjeuner ordinaire, j'assistai à l'office solennel des Pères, et comme je devais partir le soir même, je revins plusieurs fois à cette chère grotte. Oh ! qu'ils sont délicieux les moments qu'on y passe ! Comme la foi s'y retrempe et devient plus énergique et plus généreuse ! Comme l'imagination s'y retrace vivement les ineffables merveilles qui s'y sont accomplies pour le salut du monde ! Comme on aime à se représenter cet Enfant-Dieu, assis sur les genoux de sa mère, vous tendant ses petites mains qui portent l'univers, et vous attirant à lui avec une grâce touchante, et un sourire plein de charmes.

Il semble qu'on entende au loin les accords sublimes des Anges, les pas pressés des heureux bergers appelés par eux, et accourant pleins de joie pour contempler et adorer cet aimable Enfant descendu du ciel, pour être le Sauveur de son peuple ; puis le pas lourd et pesant des dromadaires. On voit entrer, dans leur riche costume oriental, les rois mages, accourus des contrées extrêmes de l'Orient, guidés par une étoile miraculeuse. Ils laissent, à quelques pas de la grotte, la suite nombreuse de leurs serviteurs : ils y entrent seuls avec une émotion visible ; tombent à genoux, pleins de foi et d'amour, devant ce petit Enfant, dont ils confessent la divinité et la royauté suprême, par leurs hommages adorateurs et les riches présents qu'ils déposent sur son humble berceau.

Oh ! comme il est vif alors et ravissant le souvenir de tous ces merveilleux événements, dont l'anniversaire, chaque année, aux grandes fêtes de Noël et de l'Épiphanie, remplit toutes les âmes chrétiennes de si doux, de si délicieux sentiments ! Comme on serait heureux de passer dans un si saint asile les derniers jours de sa vie ! Avec quelle joie on chanterait en mourant, le cantique du saint vieillard Siméon : *Nunc dimittis servum tuum...* Hélas ! ce bonheur ne m'était pas réservé ! Je n'en étais pas digne !

Je repris la route de Jérusalem où je rentrai le soir bien fatigué et bien souffrant. C'était la clôture de mon pèlerinage. Dès le lendemain, la maladie fit de rapides progrès. Le T. R. P. Picard, après une réunion de tous les pèlerins au couvent de Sainte-Anne, m'ayant vu, se hâta de me faire conduire à l'hospice Saint-Louis.

Cet hospice, fondé depuis peu, est l'œuvre d'une des plus excellentes familles de Lyon : la comtesse de Piélat et son fils. Ils y demeurent tous deux, dans un appartement contigu aux bâtiments destinés aux malades. Par leur générosité rien n'y manque : un médecin capable y est installé ; il est desservi par six sœurs de l'Apparition de Saint-Joseph de Marseille. Monsieur le comte de Piélat surveille et dirige les constructions qui ne sont pas encore achevées, ainsi que l'administration temporelle de toute la maison ; Madame la comtesse, sa digne mère, préside à tous les détails intérieurs, et rivalise avec les sœurs de zèle et de dévouement, en partageant avec elles le soin des malades. Je conserve, pour mon compte, un impérissable souvenir de leur héroïque charité.

Tous les secours les plus empressés de l'art et du dévouement furent impuissants à arrêter le mal dont j'étais atteint : il progressait d'heure en heure, et inspirait des craintes sérieuses. Je dus céder à l'autorité de personnes très respectables et très respectées. Elles me firent valoir des raisons de conscience qui leur paraissaient graves. Dès le troisième jour, je quittai Jérusalem avec plusieurs confrères malades aussi, et ne pouvant attendre sans danger le jour du départ général des pèlerins.

Je partis le cœur bien gros. En entrant à l'hospice, je m'étais flatté de l'espérance de trouver mon tombeau auprès de celui de Jésus-Chrit, et je voyais, par ce départ anticipé, cette espérance si douce s'évanouir et m'échapper. J'adorai les desseins de Dieu, et je m'y résignai humblement.

Pour me consoler, en allant de Jérusalem à Jaffa prendre à son passage le paquebot des messageries maritimes, je m'unis très intimement aux regrets des Israélites captifs sur les rivages de Babylone, en redisant plusieurs fois leurs paroles plaintives et leurs pieux serments, dont l'Esprit-Saint nous a conservé le souvenir : — Oh ! Jérusalem ! si je t'oublie jamais, que ma main droite me devienne étrangère, et demeure immobile ! *si oblitus fuero tuî, Jerusalem, oblivioni detur dextra mea !* — Que ma langue desséchée s'attache à mon palais brûlant, si tu n'es pas toujours l'objet de mes souvenirs les plus doux et la cause première de mes joies les plus vives et les plus affectueuses ! *Adhereat lingua mea faucibus meis si non meminero tuî, si non proposuero Jerusalem in principio lætitiæ meæ !*

Quant à vous, mon cher ami, vous n'oublierez pas le pauvre pèlerin condamné encore à prolonger son exil sur la terre. Si l'humble récit qu'il vient de vous faire vous a intéressé, il ose espérer qu'en retour vous prierez pour lui, afin que, mettant à profit le peu de jours qui lui restent, il obtienne de la miséricorde divine le bonheur de voir un jour et d'adorer, dans les splendeurs de sa gloire, ce divin Sauveur du monde, qu'il a suivi à travers l'obscurité de ses anéantissements et la longue série de ses souffrances, dans les lieux mêmes où il a daigné naître et mourir ; sur cette terre vraiment sainte qu'il a étonnée par la grandeur de ses bienfaits, de ses miracles, éclairée par la céleste lumière de son saint Évangile, purifiée et sanctifiée par l'effusion de son sang divin. Terre bénie qui, par tous ces motifs puissants, ne cessera jamais d'être bien chère à tous les cœurs catholiques, mais surtout aux heureux pèlerins qui l'ont si pieusement visitée et vénérée !

Je devrais m'arrêter là, mon cher ami, mais je craindrais d'attrister votre amitié si dévouée, si indulgente, si je ne vous signalais en quelques mots les principaux incidents de mon retour en France.

Parti de Jérusalem le matin à 11 heures, j'arrivai à Jaffa entre 7 et 8 heures. Je me fis conduire à l'hôtellerie des RR. PP. Franciscains. Ces bons Pères reçoivent, avec une cordialité charmante, tous les voyageurs qui viennent frapper à leur porte hospitalière.

On était à souper, et les convives étaient nombreux. Plusieurs prêtres français, faisant partie du même pèlerinage, s'y étaient rendus avant moi. Plusieurs autres partirent toute la nuit de Jérusalem, et arrivèrent le matin à Jaffa. Les uns et les autres étaient plus ou moins malades et fatigués. Ils n'avaient pas cru prudent d'attendre le départ de tout le pèlerinage.

Dans la même hôtellerie se trouvait une caravane de pèlerins bavarois, qui nous avaient précédés dans la visite des Saints Lieux. Le lendemain, c'était le saint jour de l'Ascension. Le paquebot autrichien, le *Lyod de Trieste*, était en rade. La caravane bavaroise se partagea. Les prêtres, après avoir dit la sainte messe, et les laïques après l'avoir entendue, montèrent à bord de ce navire. Les autres, désirant passer par Naples, attendirent le paquebot des messageries françaises, et partirent avec nous le lendemain.

Ce navire venait de Beyrouth. Nous étions près d'une quinzaine de prêtres français, avec quelques laïques, pèlerins comme nous. Des relations d'amitié fraternelle furent bientôt établies. J'étais le plus malade, et je n'eus qu'à me louer des excellents procédés de tous ces honorables confrères. Un missionnaire apostolique, entre tous, originaire du diocèse de Tours, et qui avait prêché des carêmes dans la plupart des grandes églises du Levant, M. Allou, fut pour moi plein de prévenances et d'attentions pendant toute la durée du parcours. Je lui en garde le plus reconnaissant souvenir.

Nous quittâmes Jaffa le vendredi vers midi. Le lendemain matin nous arrivâmes à Port-Saïd. L'échange des correspondances et des marchandises nous donna le temps de descendre à terre et de dire la sainte messe, les uns dans la chapelle des Pères Franciscains, les autres dans celle des sœurs de la Charité.

Port-Saïd est une ville de fondation récente, qui prend de rapides accroissements. Elle est située à l'entrée du célèbre canal de Suez, joignant la Méditerranée à la mer Rouge, œuvre de génie d'un illustre Français, M. de Lesseps. C'est ce qui lui donne une grande importance. On y voit déjà des magasins et des hôtels français semblables à ceux de Paris.

Rentrés à bord, nous fîmes voile pour Alexandrie, où nous arrivâmes le lendemain matin. Nous y passâmes toute la journée et toute la nuit suivante. Qu'elle était belle et calme alors cette grande ville d'Alexandrie, avec son port magnifique, avec ses riches et nombreux Palais! Ses rues, grandes et larges, pavées de magnifiques dalles en losange, me parurent plus belles que celles de Paris. De nombreuses communautés françaises s'y étaient établies. Les Lazaristes y possédaient un très beau collège. Hélas ! il n'est plus maintenant qu'un monceau de ruines. J'allai demander à ces messieurs l'hospitalité. Elle me fut accordée très gracieusement.

Je visitai avec mes compagnons de pèlerinage l'école des Frères de la doctrine chrétienne. Leur bâtiment est considérable, et leur école très fréquentée et nombreuse.

De là, je me rendis chez les Dames de la Mère de Dieu. Depuis leur expulsion des maisons de la Légion d'honneur, elles ont fondé plusieurs établissements à l'étranger. Celui d'Alexandrie est magnifique. Il est fréquenté par un grand nombre de jeunes personnes appartenant aux meilleures familles de la société, non seulement catholique, mais turque et grecque schismatique. J'ai été pendant un temps aumônier de ces Dames dans leur maison mère de Paris, voisine de la nôtre. La Révérende Mère supérieure de cette nouvelle maison d'Alexandrie m'avait connu à cette époque. Quand on est sur la terre étrangère, les visites des personnes de connaissance sont toujours d'autant plus agréables qu'on se trouve plus éloigné de la mère-patrie. Cette excellente supérieure fut ravie de joie. Elle voulut faire défiler devant moi son bataillon de pensionnaires. Elles sont, presque toutes, de grandes jeunes personnes, très attachées à leurs maîtresses. Je fus frappé de la bonne grâce et du respect avec lesquels elles me saluèrent.

Dans nos courses à travers cette grande ville, nous étions en costume écclésiastique mes compagnons et moi, et nous ne pouvions assez admirer les marques de sympathie que nous recevions de la part de cette immense population musulmane, à laquelle se trouvaient mêlés tant d'étrangers.

J'avais passé trois jours à Jaffa, et déjà la douceur de ce climat embaumé, la brise fortifiante de la mer et le repos m'avaient fait du bien. Sur le navire la nourriture était excellente ; on avait à souhait tous les adoucissements désirables ; puis les passagers n'étaient pas nombreux. J'eus une cabinet très convenable à partager avec l'excellent M. Allou. Nous nous y trouvâmes à l'aise, et je pus jouir d'un sommeil tranquille pendant la nuit. En arrivant à Alexandrie le mal qui m'avait persécuté était grandement affaibli.

Ce mieux sensible ne devait pas progresser. Les bruits de guerre commençaient à circuler et à trou-

bler la paix dans l'intérieur de la grande cité. De for-
midables cuirassés, prêts à faire pleuvoir sur elle une
grêle de bombes et de boulets, stationnaient dans la
rade. Un grand nombre d'étrangers effrayés prirent
passage sur notre navire. Toutes les cabines furent
remplies, et les nuits redevinrent très pénibles pour
moi.

J'avais pris à Jaffa ma place jusqu'à Marseille. En
partant d'Alexandrie le navire prit sa direction vers
Naples. C'était sa dernière station avant d'arriver
à Marseille. Plusieurs de mes confrères devaient
s'arrêter dans cette charmante capitale de l'ancien
royaume des Deux-Siciles.

Pendant les trois jours de traversée mes douleurs
rhumatismales se réveillèrent avec une nouvelle in-
tensité. La Providence, toujours si bonne, vint à mon
aide. Un de nos confrères, qui devait descendre à
Naples, désirait reprendre la mer pour Marseille.
Nous fîmes échange, et je m'arrêtai à Naples avec
plusieurs autres pèlerins, pour prendre la voie moins
fatigante des chemins de fer, à travers toute l'Italie
jusqu'à Paris. Je bénis le Seigneur d'un arrangement
dont je ne tardai pas à me trouver très bien.

Nous entrâmes dans le port de Naples le dimanche
matin, jour de la Pentecôte. Parmi les passagers
nouveaux, que nous avions pris à Alexandrie, se
trouvait un Évêque d'Abyssinie, membre de la société
de Saint-Lazare. C'était un Prélat très digne et d'un
commerce très agréable. J'avais déjà eu l'avantage
de faire connaissance avec lui dans le collège occupé
par ses confrères, messieurs les Lazaristes d'A-

lexandrie. Il y était arrivé la veille pour s'embarquer
sur notre paquebot, et venir en France, où l'appelaient
les affaires de sa mission. A Naples, ce vénéré Prélat
eut la bonté de m'amener avec lui dans l'établissement
considérable que possèdent dans cette ville les Lazaristes. Il me présenta au Supérieur de la maison qui
voulut bien m'admettre à offrir, en même temps que
Sa Grandeur, le saint sacrifice, dans leur magnifique
chapelle.

A notre arrivée à Naples, entre six et sept heures
du matin, le temps était splendide. Cette charmante
ville se développait devant nous dans toute sa beauté.
De jolies gondoles, remplies de musiciens et de mu-
siciennes, étaient accourues et nous ravissaient par
les plus harmonieux concerts.

A notre retour de l'église de Saint-Lazare, nous visitâmes, mes confrères et moi, les principales basili-
ques de la ville. Elles sont très belles et très riches.
L'or, le marbre le plus précieux, les sculptures les
plus fines et les plus délicates, les tableaux et les sta-
tues des grands maîtres s'y trouvent à profusion.

Dans l'après-midi, nous fîmes une course en voiture. Comme le temps pressait, il fallut se contenter
de voir rapidement les monuments les plus célèbres,
les squares et les jardins publics les plus beaux. L'a-
quarium, situé dans un de ces jardins, est un des
plus riches et des plus curieux du monde.

En face de nous le Vésuve dressait sa masse im-
posante, vomissant des torrents de fumée. Quoiqu'on
y monte maintenant avec la plus grande facilité par
un chemin de fer qui contourne les flancs de la mon-

tagne nous dûmes nous priver, faute de temps, de faire cette intéressante ascension. Nous nous contentâmes de parcourir, dans notre voiture, le voie grandiose, creusée par les Romains à travers le mont Pansilipe, sous une voûte de rocher de 40 mètres d'élévation.

Rentrés à l'hôtel, nous prîmes ensemble notre dernier repas ; puis je dis adieu à mes chers compagnons, et à huit heures je montai en voiture pour me rendre à la gare du chemin de fer. L'excellent M. Allou, malgré mes instances, voulut bien m'y accompagner. Je désirais prendre place jusqu'à Paris, avec faculté d'arrêt, afin de m'épargner toute préoccupation pendant ce long trajet ; et comme je ne parle pas l'italien, M. Allou me fut d'une grande utilité.

Avec la plus aimable obligeance, il s'entendit avec le chef de gare, et prit toutes les dispositions nécessaires. Il choisit lui-même un compartiment, et insista avec fermeté pour faire descendre un voyageur qui déjà avait allumé son cigare, quoique ce ne fût pas un compartiment de fumeurs. Je l'en remerciai, en lui serrant bien affectueusement la main, car, dans l'état de faiblesse où j'étais encore, la fumée renouvelée et condensée pendant toute la nuit m'eût été nuisible. Il y a de ces traits d'amitié courageuse et dévouée qu'on ne peut jamais oublier.

La nuit se passa bien. J'arrivai à Rome le lendemain matin à six heures. Le train express qui m'avait conduit ne devait partir pour Gênes et pour Turin que le soir à deux heures. Je profitai de ce court espace de temps pour aller au séminaire français renouveler connaissance avec les bons Pères du Saint-Esprit. J'avais habité avec eux plusieurs mois, quelques années auparavant. Ils me reçurent, selon leur habitude, avec la plus grande cordialité. Après la messe je pris un peu de repos.

Le séminaire est tout près de la célèbre église de la Minerve. Avant l'heure du dîner, je m'y rendis pour adorer le très saint Sacrement. Sous le maître autel qui est magnifique, et dans une châsse très riche repose le corps de sainte Catherine de Sienne. J'avais ignoré cette particularité, lors de mon premier séjour à Rome. Je fus heureux de mettre aux pieds de cette illustre sainte l'hommage de ma vénération et de me recommander, avec toute ma famille, à sa puissante médiation, auprès de son céleste époux.

J'arrivai le lendemain à Turin vers neuf heures du matin. Je pris un appartement dans un hôtel voisin. Je pus me reposer quelques heures. Après le déjeûner, accompagné d'un cicérone parlant très bien le français, je partis pour visiter les principales églises, et surtout la cathédrale qui possède le trésor si précieux dont j'ai déjà eu l'occasion de parler, le saint suaire dans lequel fut enveloppé le corps adorable de Notre divin Sauveur, quand on le descendit de la croix.

Cette relique insigne repose sous un mausolée monumental, au milieu du chœur. En me prosternant à deux genoux devant ce témoin muet, mais si éloquent de l'amour infini du Dieu Sauveur, je retrouvai les émotions si vives et si douces que j'avais tant de fois ressenties à Jérusalem.

Le soir, à huit heures, je pris le train de France,

traversant les Alpes pendant la nuit ; et le lendemain à cinq heures du soir j'arrivai à Paris. La température n'était plus la même qu'en Orient et en Italie. Ce brusque changement fit une telle impression sur moi qu'à une nouvelle et violente atteinte de mes douleurs rhumatismales vint se joindre une bronchite aiguë. Je passai quinze jours dans de grandes souffrances, accompagnées d'une prostration de forces complète.

En prenant, aussitôt que je l'avais pu, la voie de terre de préférence à celle de mer, j'avais eu pour but d'atténuer le mal qui me persécutait, et d'arriver plus promptement à Paris, sachant bien que je trouverais dans notre chère maison-mère les soins dévoués, et surtout le repos complet dont j'avais grand besoin.

Toutefois en modifiant ainsi mon itinéraire, je dus renoncer à passer par Arles et par Avignon. J'avais promis de m'y arrêter quelques jours : à Arles d'abord, où demeurent quelques membres de ma famille, qui me sont très dévoués, et à qui ce changement fut sensible ; à Avignon ensuite, où Sa Grandeur Monseigneur Hasley, qui m'honore de son amitié bienveillante, m'attendait aussi.

Ce digne Prélat, dès qu'il eut appris mon retour à Paris, daigna me témoigner, par une lettre toute sympathique, la peine qu'il ressentait da ma maladie et de la privation qu'elle lui imposait. Je n'ai pas besoin de dire que ce fut pour moi un sacrifice à ajouter à celui que j'avais offert à Dieu, quand il fallut quitter la Terre Sainte, avant tout l'ensemble des pèlerins, dont le départ n'eut lieu qu'une dizaine de jours après.

La traversée du retour de ces chers pèlerins ne fut pas heureuse. Des jours de deuil se levèrent sur la *Picardie* et la *Guadeloupe*. Deux confrères, deux prêtres, sur chaque navire, moururent de fatigues et d'épuisement. Un cinquième put arriver jusqu'à Marseille ; mais il succomba, le lendemain, à l'hospice où on l'avait transporté. Un sixième était mort à Jérusalem. Ces chers confrères s'estimèrent sans doute heureux d'offrir à Dieu leur vie afin d'être, dans une mesure plus grande, des victimes de pénitence et d'expiation, pour l'Église et pour la France.

Mais il n'en est pas moins vrai que s'ils eussent quitté la Palestine à temps comme les autres malades, il auraient aussi échappé au danger qui les menaçait. Or, tel est l'ordre établi par la divine Providence : elle veut qu'en dehors des circonstances exceptionnelles où la gloire de Dieu demande le sacrifice de la vie nous prenions toutes les précautions nécessaires pour la conservation de ce dépôt qu'elle nous a confié, en nous soumettant d'avance à sa décision suprême. C'est un des principes que des amis, aussi éclairés que dévoués, avaient invoqué pour me faire un devoir de conscience de partir sans délai. En déférant à la sagesse et à l'autorité de leurs conseils, j'éprouvais une grande tristesse, mais j'étais sûr de faire la volonté de Dieu.

Je m'étais fait précéder par un télégramme. A mon arrivée, tous les membres de ma famille religieuse me firent l'accueil le plus sympathique et le plus affectueux. Notre Très Vénéré Père surtout me témoigna une bonté et une affabilité au-dessus de toute expression.

Il me donna une preuve nouvelle et bien convaincante de son intérêt paternel, en faisant célébrer, dans la chapelle de nos Dames, avec une grande solennité, ma cinquantaine de prêtrise, ou mes noces d'or. Qu'il en soit béni, ce père si bon et si vénéré ! Et que les divins Cœurs, dont la gloire lui est si chère, le récompensent dignement de tant de charité pour le moindre d'entre les siens !

Cette belle cérémonie, d'autant plus touchante qu'elle est plus rare eut pour interprète le Révérend Père Perdereau, directeur au grand séminaire de Versailles. Il en expliqua et développa la signification religieuse dans un langage élevé, plein de foi et de cœur, quoique inspiré, à mon avis, par une charité fraternelle trop indulgente.

Que les deux maisons-mères de notre chère congrégation soient bien persuadées que je garderai jusqu'à mon dernier jour le fidèle souvenir de la joie manifestée et du zèle déployé, pour donner tout l'éclat possible à cette douce fête, conformément au désir de Notre Très Révérend Père ! Plusieurs membres de ma famille temporelle, gracieusement invités par lui, neveux et nièces, qui purent faire le voyage, accoururent pour y prendre part. Avec quel bonheur ils unirent, à leurs félicitations et à leurs hommages, leurs ferventes prières pour un oncle d'autant plus aimé et respecté qu'il avance plus vite vers le déclin de la vie.

Cette cérémonie, si belle et si touchante, ne fut pas sans écho dans la province. Quinze jours après, son renouvellement très solennel eut lieu dans une ville du diocèse de Limoges, où j'ai exercé, autrefois, le saint ministère pastoral. Celui de mes vénérés successeurs, M. l'Abbé Villetelle, qui gouverne avec tant de zèle et de mérite la paroisse de Felletin, voulut aussi m'honorer par la plus agréable des surprises. Assuré de toute la sympathie des habitants de l'antique cité ; secondé surtout par une des plus honorables familles, tout à la fois amie et alliée, il disposa tout d'avance ; et, le lendemain de mon arrivée, on célébra ces pieuses noces avec grande pompe, et à la grande édification de tous les paroissiens. C'était le premier fait de ce genre depuis des siècles. Ce bon et digne pasteur en expliqua le sens à ses chères brebis avec un accent si plein de foi, et, j'oserai dire, de piété si filiale que toutes en furent vivement touchées, mais surtout celles qui m'avaient connu à cette époque déjà si lointaine, et chez lesquelles le cours des années et des événements n'a pu affaiblir la mémoire du cœur.

Une seconde octave de cette douce fête eut lieu huit jours après à Tours, au Petit-Saint-Martin. Dans cette pieuse maison, où se fait, depuis bien des années, l'œuvre privilégiée des Sacrés-Cœurs, l'éducation des jeunes personnes, avec un dévouement et un désintéressement des plus louables, sous une autorité toute bienveillante et maternelle, on s'empressa de profiter de mon passage pour fêter un ancien aumônier, et attirer sur sa vieillesse, par de ferventes supplications, les bénédictions les plus abondantes et les plus précieuses de la part des divins Cœurs.

J'offre aussi mes remercîments les plus affectueux à nos Pères, Frères et Sœurs, qui tous m'ont accompagné pendant toute la durée de ce saint pèlerinage, de leurs vœux et de leurs ferventes prières. Je dois de plus, devant Dieu, une mention particulière de gratitude profonde à toutes les Supérieures, qui, à l'exemple de leur très digne et très revérende Mère, m'ont aidé et soutenu de leur concours si généreux.

Enfin je désire que les deux maisons-mères soient bien persuadées que je garde le plus religieux souvenir de la joie qu'elles ont manifestée, et du zèle qu'elles ont déployé pour célébrer avec tout l'éclat possible mes noces d'or, et en faire, conformément au désir de Notre Très Révérend Père, une bien douce fête de famille.

C'est au nom des deux branches de la Congrégation, et comme délégué de tous et de chacun de ses membres, que Notre Très bon et Très vénéré Père m'a permis d'entreprendre ce lointain et si salutaire pèlerinage de pénitence. J'ai la vive et douce confiance que, par la médiation toute-puissante des divins Cœurs, sous la protection desquels je l'ai entrepris, il nous sera acccordé à tous, enfants de ces SS. Cœurs, une bonne part dans la distribution de l'immense provision de grâces et de faveurs de toute espèce, méritées par ce saint pèlerinage et mises en reserve par la divine Miséricorde. Cette espérance me rend heureux. *Reposita est hæc spes mea in sinu meo.* (Job. 7, 27.)

Châteauroux. — Imp. et Lith. AV. MAJESTÉ.

www.ingramcontent.com/pod-product-compliance
Lightning Source LLC
Chambersburg PA
CBHW071345030726
47594CB00002B/758